KOCHEN MIT SAUERKRAUT UND SAUERRÜBEN

LUCAS ROSENBLATT FREDDY CHRISTANDL

Kochen mit *Sauerkraut* *und Sauerrüben*

MIDENA

Die Deutsche Bibliothek – CIP-Einheitsaufnahme

Rosenblatt, Lucas:
Kochen mit Sauerkraut und Sauerrüben / Lucas Rosenblatt ;
Freddy Christandl. - Küttigen/Aarau :
Midena ; Augsburg : Weltbild-Verlag, 1997
ISBN 3-310-00297-7
NE: Christandl, Freddy

Alleinvertrieb für Deutschland:
WELTBILD VERLAG GmbH
Steinerne Furt 68-72, 86167 Augsburg

Gestaltung Umschlag: Dora Hirter, Birrwil
Texte Einführungsteil: Schweizerische Gemüse-Union, Ins, und verlagseigene Quellen
Foodbilder: Evelyn und Hans-Peter König, Zürich
Bilder Einführungsteil: Schweizerische Gemüse-Union, Ins
Satz und Lithos: Kneuss Satz AG, Lenzburg
Druck und Bindung: Neue Stalling, Oldenburg

ISBN 3-310-00297-7

Gerichte mit Fisch

Gerichte mit Fleisch

Saucen/Fonds

* Rezepte mit Sauerrüben; gleiche Zubereitung mit Sauerkraut möglich.

Verwendete Abkürzungen

EL = gestrichener Esslöffel
TL = gestrichener Teelöffel
ml = Milliliter
dl = Deziliter
Msp = Messerspitze

Wo nicht anders vermerkt, sind die Rezepte für 4 Personen berechnet.

Viele Wege führen in den Sauerkraut- und Sauerrübentopf

Wir kochen mit Vorliebe vegetarisch, asiatisch angehaucht, fischig, verrückte Häppchen und vieles mehr, was Sie unseren Rezepten leicht entnehmen können.

Erkunden Sie die vielen Wege, die in den Sauerkraut- und Sauerrübentopf führen! Lassen Sie sich von lustigen Snacks und bunter Rohkost verführen und «versuchen» Sie sich an Sauerkraut und Sauerrüben aus dem Suppentopf. Die beiden eignen sich zudem vorzüglich zum Vernudeln und haben in Kombination mit Getreidekörnern einiges am Hut. Sie können jedoch auch ganz edel mit Fleisch und Fisch auftreten.

Essen bedeutet Natürlichkeit! Unsere Liebe gilt der saisonalen, modernen Naturküche, die nicht nur gesund, sondern auch leicht ist. Und Kochen ist immer auch ein Spiel: Marktfrische Produkte, Farben, Jahreszeiten und Gelüste inspirieren uns.

Viel Spaß und Genuss beim Ausprobieren. Möge Ihnen Traditionelles, Östliches, Fernöstliches, Fruchtiges, Bündnerisches, Scharfes und vieles mehr aus Sauerkraut und Sauerrüben das Leben versüßen.

Lucas Rosenblatt
Freddy Christandl

Über die noblen Seiten des Sauerkrauts

Sie galten lange als unzertrennliches Traumpaar – das Sauerkraut und der Speck. Doch nun wagt das Kraut immer häufiger Seitensprünge.

Wenn von Sauerkraut die Rede ist, werden immer die gesundheitlichen Aspekte betont. Was macht es denn so gesund?

Der Kohl selber; in der Präventivmedizin gilt er als wahres Wundergemüse. Hinzu kommen die Milchsäurebakterien, die den in Fässern eingelegten Kohl zum Gären bringen und zugleich haltbar machen. Auf den menschlichen Organismus wirken diese Bakterien wohltuend. Sie regen die Verdauung an, wirken beruhigend auf die Bauchspeicheldrüse und helfen bei der Eiweißverdauung, was insbesondere für Fleischesser wichtig ist.

Die berühmteste Komposition mit Sauerkraut ist die Berner Platte, mit Speck, Rippli und Würsten. Das sind keine Leichtgewichte.

Da zeigt sich die ursprüngliche, gesunde Bauernschläue. Unsere Urgroßmütter gaben diesen fettigen Speisen das Sauerkraut hinzu, weil sie aus Erfahrung gelernt hatten, dass es die Verdauung unterstützt. Mit derselben Bauernschläue nutzten sie noch weitere Entdeckungen. Etwa dass mit dem Saft von Sauerkraut der Brotteig besser aufgeht oder dass er ein gutes Anti-Flecken-Mittel ist und vieles mehr. Beim Lesen von alten Kochbüchern trifft man auf unzählige derartige «Rezepte». Früher wußten selbstverständlich auch noch alle, wie man das Kraut selber herstellt. Neulich las ich die Zubereitung: «Man nehme 50 Kohlköpfe, schneide den Strunk weg ...!» Man stelle sich diese Menge vor: 50 Kohlköpfe!

Nun, bis heute wird Sauerkraut mit deftiger Kost in Verbindung gebracht. Margret Thatcher und Bill Clinton wurden anlässlich ihres Besuches in der Schweiz im Jahre 1994 mit Sauerkraut & Co. verwöhnt. Auch der deutsche Bundeskanzler Helmut Kohl offerierte seinen Staatsgästen François Mitterrand, Michail Gorbatschow und Margret Thatcher Pfälzer Saumagen mit Sauerkraut. Präsentieren seine Köche damit ein kulinarisches Traumpaar, oder unterlagen sie einem Klischee?

Zu Zeiten unserer Vorfahren waren fettes Fleisch und Sauerkraut sicherlich ein Traumpaar. Der Kohl, den unsere Großmütter im Herbst in Holzfässer einlegten, war ihr einziger Gemüsevorrat bis in den Frühling. Das Schwein, das sie ebenfalls im Herbst schlachteten, lieferte den Fleischvorrat. Kein Wunder, dass die beiden miteinander verknüpft sind. Heute aber können wir auch Sauerkrautgerichte zusammenstellen, bei denen man sämtliche deftigen Vorbilder vergisst. Mein erster Beweis war ein Gratin, den ich zu Zeiten als Küchenchef im Hotel Albana in Silvaplana versuchsweise auf die Karte setzte. Er besteht aus Haferkörnern und Sauerkraut, mit Paprika und anderem Gemüse gewürzt und zum Schluss mit saurer Sahne gratiniert. Die Gäste waren begeistert.

Versionen wie etwa Sauerkraut mit Champagner oder mit Austern, die man auf Speisekarten renommierter französischer Restaurants antrifft, sind demnach kein Schickeria-Spleen?

Bestimmt nicht! Nehmen wir als Beispiel die Bohnen, die ja auch zur Berner Platte gehören. Niemand würde sagen: «Die kocht man so und nicht anders.» Man darf variieren, auch beim Sauerkraut. Außergewöhnlich ist halt dessen Säure, die aber für die Küche interessant ist.

Weshalb?

Der Gaumen liebt eine gewisse Spannung zwischen den Geschmäckern. Etwas nur Süßes oder nur Salziges wirkt banal. Die Säure schafft diese Spannung. Vergleichen wir mit dem Wein! Auch dort ist die Säure gefragt.

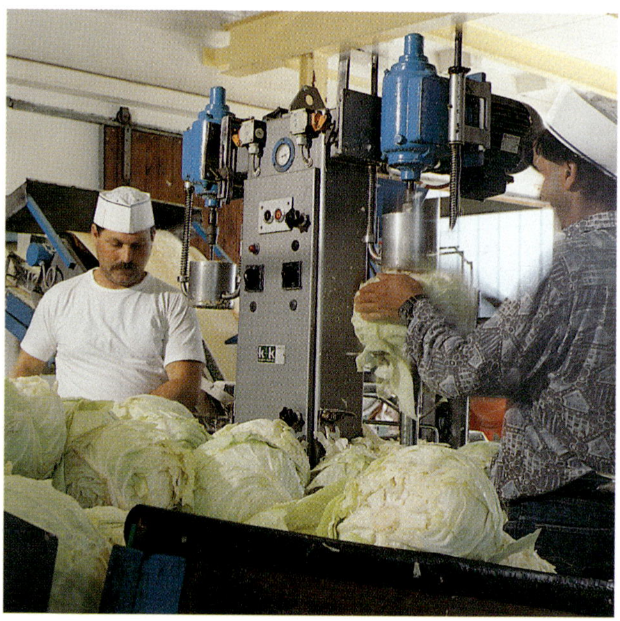

Was halten Sie von der eigenwilligen Kombination Sauerkraut mit Ananas, die man immer wieder in Kochbüchern antrifft?

Mir persönlich ist ein Apfel lieber als eine Ananas. Oder ich mag auch eine Quitte oder Traubenbeeren dazu. Aber dies entscheide ich im Kopf und nicht im Gaumen. Ich möchte einfach nicht exotisch kochen.

Andererseits schreiben Sie derzeit an einem Buch mit Sauerkraut-Variationen, die äußerst «exotisch» sind. Da gibt es Rezepte für Crostini, Empanadas oder Pizzen. Wollen Sie unbedingt originell sein?

Nein. Bei den Crostini war ich selbst überrascht, wie sehr italienische Kräuter, getrocknete Tomaten und Sauerkraut miteinander harmonieren. Ähnlich war es bei der Pizza und den Empanadas. In Argentinien führten übrigens die Deutschen das Sauerkraut ein. Es entstanden dann in der Folge die spannendsten kulinarischen Verbindungen. Ich meine, dass ein Buch solche neuen Ideen bringen muss. Geschmackliche Kombinationen, die aber nur um der Originalität, der Gags willen gemacht werden, liegen mir nicht.

Nun findet das Sauerkraut zunehmend Einlass in die Nobelgastronomie. Die Präsenz auf den Speisekarten, sei dies als Süppchen oder leichte Beilage, wird immer augenfälliger.

Ja, bloss will man dann dem Sauerkraut unbedingt einen «noblen» Anstrich geben. Ich habe den Eindruck, dass manche Köche das Kraut, um es salonfähiger zu machen, unnötig verfälschen – dies auf Kosten des Eigengeschmacks und des Charakters. Das ist doch verrückt. Wir gehen nach Italien und finden das Essen dort einfach großartig. Und warum? Weil die dortigen Köche nicht lange an den Produkten herumdoktern, sondern diese möglichst natürlich auf den Tisch bringen. Das würde ich mir hierzulande auch wünschen.

Interview von Doris Blum mit Lucas Rosenblatt in der SonntagsZeitung vom 13. Oktober 1996.

Sauerkraut – mehr als ein Nahrungsmittel

Sebastian Kneipp verordnete Auflagen von frischem Sauerkraut bei Wunden, Brandwunden und entzündeten Gliedern. In seinem Werk «So sollt ihr leben» bezeichnet er das Kraut als einen «Besen für Magen und Darm» und als allergesündestes Nahrungsmittel. Es wird auch behauptet, dass Krautesser länger leben.

Kräuterpfarrer Künzle verordnete bei hartnäckiger Verstopfung eine Sauerkrautkur (3-mal täglich vor den Mahlzeiten eine Portion rohes Sauerkraut). «Gerade das rohe Sauerkraut regt Magennerven und Magendrüsen an, fördert die Esslust und die Verdauung und macht einen guten Magen», schreibt Künzle. Er verordnete rohes Sauerkraut bei Spul- und Madenwürmern und Sauerkrautsaft (2 Esslöffel nach dem Essen) bei Sodbrennen.

«Nur der ist klug und weise, der auf Gesundheit schaut! Denk an die gesunde Speise und iß täglich Sauerkraut», dichtete Wilhelm Busch.

Wertvoll für unsere Gesundheit

Sauerkraut wurde schon zu Zeiten hergestellt, als der Mensch von Vitaminen noch nichts wusste und demzufolge auch ihre Bedeutung für unsere Gesundheit nicht kannte. Dass das Sauerkraut das menschliche Wohlbefinden aber positiv beeinflusst, wurde schon früh erkannt.

Sauerkraut und Sauerrüben enthalten nebst vielen anderen gesundheitsfördernden Wirkstoffen reichlich Vitamin C, B_1 und B_2. Milchsäurebakterien beispielsweise entgiften den Darm, in dem sie schädliche Darmbakterien eliminieren. Geschätzt wird auch die verdauungsfördernde Wirkung von Sauerkraut und Sauerrüben; sie regen den Darm auf natürliche Weise an. Viele Ballaststoffe und wenig Kalorien (17 kcal pro 100 g) sind weitere Pluspunkte, die für den häufigen Verzehr sprechen.

Nährwertvergleich

100 g rohes Sauerkraut enthalten nur 17 kcal.
Gleich viel Kalorien enthalten

40 g Äpfel
8 g Brot
7 g Wurst
5 g Emmentaler Käse
3 g Schokolade

Von der Herbstrübe zu den Sauerrüben

Die Herbstrübe ist eine Unterform der Speiserübe. Je nach Region nennt man sie auch Stoppelrübe, Steckrübe, Weiße Rübe oder Räbe. Sie ist grün- oder rotköpfig, rund und weißfleischig.

Die Rübe galt lange Zeit als Kost der armen Bauern. In Deutschland und in der Schweiz herrschen Kriegs- und Nachkriegserinnerungen, so dass wenig Rezepte für Rübengerichte zu finden sind. Als Frischprodukt ist die Herbstrübe heute kaum auf dem Markt; viel beliebter und verbreiteter sind die daraus hergestellten Sauerrüben, die im Herbst und Winter im Offenverkauf oder im praktischen Portionenbeutel (500 g, 750 g) im Handel sind.

Vom Weisskohl zum Sauerkraut

Beim Weißkohl/Weißkabis gibt es frühe und späte Sorten. Für die Herstellung von Sauerkraut wird sogenannter Einschneidekohl/-kabis verwendet, der im Spätsommer und Herbst geerntet wird. Im Offenverkauf ist das Sauerkraut in den Herbst- und Wintermonaten vorwiegend in Metzgereien, Reformhäusern und Bioläden. Während der übrigen Zeit ist es in Portionenbeuteln (500 g und 750 g, 1 kg) bei Großverteilern und Einzelhändlern erhältlich.

Milchsäuregärung, was ist das?

Die Herstellung von Sauerkraut und Sauerrüben ist ein natürlicher Prozess, vergleichbar mit dem, der bei der Vergärung von Traubenmost zu Wein stattfindet. Dabei entsteht ein nicht minder schmackhaftes – und alkoholfreies – hochwertiges Nahrungsmittel. Der Bio-Haltbarmachungsprozess durch natürliche Milchsäuregärung ist übrigens die älteste Konservierungsmethode für Nahrungsmittel.

Die fein geschnittenen oder gehobelten und eingesalzenen Weißkohlköpfe beziehungsweise Herbstrüben oder Räben werden in spezielle Behälter, sogenannte Standen eingefüllt. Hier lagert das Gemüse abgeschlossen von der Außenluft und unter dem Druck von aufgelegten Gewichten. In diesem Zustand machen Weißkohl und Herbstrüben einen Gärungsprozess durch, der durch natürliche, auf dem Schnittgut vorhandene Bakterien und Hefen ausgelöst wird. Dieser Vorgang dauert mehrere Wochen, wobei der im Gemüse vorhandene Zucker zu Milch- und Essigsäure vergoren wird, die dem Endprodukt das charakteristische Aroma verleihen. Entscheidend für den Säuregehalt von Sauerkraut und Sauerrüben ist die Zeit, während welcher sie in der Stande belassen werden.

Rezepte

Empanadas mit pfiffiger Füllung

für 15 Stück

Teig

- *125 g Margarine aus dem Reformhaus*
- *200 g Bio-Weißmehl*
- *1 TL Meersalz*
- *ca. 2 EL Wasser*

Füllung

- *1 EL kaltgepresstes Olivenöl*
- *100 g Zwiebeln, fein gehackt*
- *1 Knoblauchzehe*
- *250 g rohes Sauerkraut*
- *100 ml/1 dl trockener Weißwein*
- *200 ml/2 dl Gemüsebrühe*
- *wenig Pfeffer-/Chilischote, fein gehackt*
- *Kräutermeersalz*

- *100 g geräucherter Tempeh, klein gewürfelt*
- *1 Sträußchen Petersilie, fein gehackt*

1. Für den Teig Margarine, Mehl und Salz krümelig reiben. Das Wasser darunter arbeiten. Es soll ein geschmeidiger, elastischer Teig entstehen. Teig an einem kühlen Ort zugedeckt 1 Stunde ruhen lassen.

2. Für die Füllung Zwiebeln und durchgepressten Knoblauch im Olivenöl anschwitzen. Das Sauerkraut dazugeben. Mit dem Weißwein ablöschen und mit der Gemüsebrühe auffüllen, aufkochen und auf kleinem Feuer zugedeckt 20 Minuten kochen lassen. Mit den Pfefferschoten und dem Kräutersalz abschmecken. Auskühlen lassen. Tempeh und Petersilie darunter mischen.

3. Den Ofen auf 180 Grad vorheizen.

4. Den Teig portionieren, d. h. in etwa 30 g schwere Stücke schneiden. Daraus Kugeln formen und diese zu Rondellen von etwa 3 mm Dicke ausrollen.

5. Einen Essöffel Füllung in die Mitte jeder Rondelle geben, diese zusammenklappen und die Ränder gut festdrücken und eindrehen (siehe Bild). Mit Mehl bestäuben.

6. Empanadas im vorgeheizten Ofen auf mittlerem Einschub 8 bis 10 Minuten backen.

Abbildung Seite 23

Sauerkraut-Pizza mit geräuchertem Tofu

10 bis 12 Stück

Teig

- *20 g Hefe*
- *ca. 100 ml/1 dl Milch, temperiert*
- *200 g Bio-Weißmehl*
- *60 g weiche Butter*
- *1 Eigelb von einem Freilandei*
- *1 Msp Honig*
- *1 TL Meersalz*
- *Koriander*

Pizzabelag

- *1 EL kaltgepresstes Olivenöl*
- *100 g geräucherter Tofu, klein gewürfelt*
- *100 g roter Gemüsepaprika/ Peperoni, klein gewürfelt*
- *100 g rohes Sauerkraut*
- *Kräutermeersalz*
- *weißer Pfeffer aus der Mühle*
- *100 ml/1 dl dicke Tomatensauce*
- *60 g Bergkäse oder Greyerzer Käse, klein gewürfelt oder gerieben*

1. Für den Teig Hefe, Milch und Mehl zu einem Vorteig rühren. Rund 15 Minuten zugedeckt an einem warmen Ort gehen lassen. Die restlichen Zutaten dazugeben und zu einem festen Teig kneten. 2 bis 3 Stunden oder über Nacht im Kühlschrank gehen lassen. Den Teig nochmals gut durchkneten.

2. Ofen auf 180 Grad vorheizen.

3. Für den Pizzabelag Tofu und Gemüsepaprika im Olivenöl anschwitzen. Das Sauerkraut dazugeben. Abschmecken mit Kräutersalz und Pfeffer.

4. Pizzateig rund 5 mm dick ausrollen. Mit einer Gabel mehrere Male einstechen. Kleine Rondellen ausstechen.

5. Auf jede Teigrondelle einen Teelöffel Tomatensauce streichen. Das Sauerkraut darauf geben. Mit dem Bergkäse bestreuen.

6. Pizza im vorgeheizten Ofen auf mittlerem Einschub 8 bis 10 Minuten backen.

Abbildung Seite 23

Sauerkraut-Crostini

- *50 g getrocknete Tomaten*
- *50 g weißer Lauch*
- *200 g rohes Sauerkraut*
- *50 g Rettichsprossen*
- *100 ml/1 dl Möhren-/Karottensaft*
- *1 TL Distelöl*
- *Kräutermeersalz*
- *weißer Pfeffer aus der Mühle*

- *1 Vollkornbaguette*

- *wenig frisches Basilikum, fein geschitten*

1. Die Tomaten und den Lauch in feine Streifen schneiden, mit dem Sauerkraut und den Rettichsprossen mischen. Den Möhrensaft und das Distelöl darunterrühren. Abschmecken mit dem Kräutersalz und dem Pfeffer. 30 Minuten marinieren.

2. Baguette in Scheiben schneiden. Im vorgeheizten Ofen bei starker Oberhitze einseitig toasten.

3. Das Sauerkraut auf die ungebräunte Seite geben. Mit Basilikum garnieren.

Abbildung nebenan

Tapenade

- *250 g schwarze Oliven, entsteint*
- *1 Knoblauchzehe*
- *2 Sardellenfilets*
- *3 Basilikumblätter*
- *1 EL Kapern*
- *100 ml/1 dl kaltgepresstes Olivenöl*

1. Sämtliche Zutaten fein hacken oder im Mörser zerstossen. Mit dem Olivenöl mischen.

Abbildung nebenan

Abbildung
unten links: Empanadas (20)
oben: Sauerkraut-Pizza (21)
oben: Sauerkraut-Crostini (nebenan)
Schälchen unten: Raita (24)
Schälchen Mitte: Tapenade (oben)
Schälchen oben: Salsa cruda (24)

Raita

- *100 g Schafsmilch- oder Vollmilch-Jogurt*
- *50 g Magerquark*
- *4 Radieschen, klein gewürfelt*
- *8 cm Salatgurke, klein gewürfelt*
- *wenig Sojasauce*
- *Kräutermeersalz*
- *wenig Pfeffer-/Chilischote, fein gehackt*
- *1 Knoblauchzehe*
- *2 EL gemischte Kräuter, fein gehackt*

1. Jogurt und Quark glatt rühren. Die Radieschen- und die Gurkenwürfelchen darunter rühren. Würzen. Abschmecken mit wenig Chilischote, dem durchgepressten Knoblauch und den Kräutern.

Abbildung Seite 23

Salsa Cruda

- *4 mittlere sonnengereifte Tomaten*
- *1/2 rote Zwiebel, fein gehackt*
- *wenig gehackte Korianderblättchen*
- *Pfeffer aus der Mühle*
- *Kräutermeersalz*
- *2 EL Limetten- oder Zitronensaft*
- *1 EL kaltgepresstes Olivenöl*
- *1 EL Balsamessig*
- *nach Belieben wenig frische Pfeffer-/Chilischote, fein gehackt*

1. Bei den Tomaten Stielansatz kreisförmig herausschneiden. Die Früchte klein würfeln.

2. Sämtliche Zutaten mischen. Mit den Pfefferschoten pikant abschmecken.

Abbildung Seite 23

Ceviche auf Sauerkraut

- *1 Bund Rauke/Rucola, fein geschnitten*
- *120 g Zwiebelsprossen*
- *1 Pfeffer-/Chilischote, längs halbiert, entkernt, in feinen Streifen*

Ceviche (Fischtatar)

- *400 g Kabeljau*
- *50 ml/0,5 dl Limetten- oder Zitronensaft*
- *Pfeffer-/Chilischoten, Menge je nach gewünschter Schärfe*
- *150 g Sauerkraut, fein gehackt*
- *2 EL Sauerkrautsaft*
- *1 TL Meersalz*
- *50 g Lauch, fein gehackt (Brunoise)*
- *100 g rote Zwiebeln, gehackt*
- *frischer Koriander, fein gehackt*

1. Den Kabeljau klein würfeln. Limettensaft, Pfefferschoten, Sauerkraut, Sauerkrautsaft und Salz mit den Fischwürfelchen mischen. 60 Minuten marinieren. Restliche Zutaten darunter mischen.

2. Rauke, Zwiebelsprossen und Pfefferschoten ähnlich einem Nestchen auf Tellern anrichten. Ceviche in die Mitte geben.

Ceviche: Für Fischtatar muss der Fisch sehr frisch sein. Dieses Gericht lebt von der Spannung zwischen Schärfe und Säure!

Kleine Sauerrüben-Käse-Toasts

für ca. 30 Toasts

- *1 Vollkornbaguette, ca. 150 g*

- *200 g rohe Sauerrüben, gut abgetropft*
- *300 g geriebener Greyerzer Käse*
- *4 EL Hirseflocken*
- *3 Eigelb von Freilandeiern*
- *Kräutermeersalz*
- *Paprikapulver*
- *Kümmel*
- *Pfeffer aus der Mühle*
- *1 EL gehackter Liebstöckel*

1. Ofen auf 220 Grad vorheizen.

2. Die Sauerrüben hacken und mit den restlichen Zutaten mischen. Gut würzen.

3. Die Baguette in 5 mm dicke Scheiben schneiden, auf einer Seite toasten.

4. Die Sauerrüben-Käse-Masse auf die ungetoastete Brotseite streichen. Im Ofen auf mittlerem Einschub goldgelb überbacken.

Tipp: Zusammen mit einem Blattsalat bekommt man eine vollwertige Mahlzeit.

Sauerrüben-Pie mit Räuchertofu

Für eine Springform von 24 cm Durchmesser

- *500 g Kuchenteig*
- *1 Freilandei, zum Anstreichen*

Füllung

- *1 TL Butterschmalz/Bratbutter*
- *80 g Schalotten, fein geschnitten*
- *200 g Räuchertofu, klein gewürfelt*
- *500 g rohe Sauerrüben*
- *1 Apfel*
- *5 zerdrückte Wacholderbeeren*
- *100 ml/1 dl Gemüsebrühe*
- *4 EL Rettichsprossen*

Eierguss

- *2 Freilandeier*
- *200 g/2 dl Sahne/Rahm*
- *120 g Bergkäse oder Greyerzer Käse, gerieben*
- *Kräutermeersalz*
- *geriebene Muskatnuss*
- *Pfeffer aus der Mühle*
- *wenig getrocknete Pfeffer-/Chilischote*

1. Für den Teigdeckel 1/3 Teigmenge 3 mm dick und rund ausrollen. Den restlichen Teig ebenfalls 3 mm dick ausrollen, in die geölte Form legen. Der Teig soll die Form 1 cm überlappen. Den Boden mit einer Gabel mehrmals einstechen. Teigreste für die Garnitur verwenden. Teigdeckel und Form kühl stellen.

2. Für die Füllung die Zwiebeln im Butterschmalz glasig anschwitzen. Den Räuchertofu kurz mitbraten. Die Sauerrüben 2- bis 3-mal quer schneiden und beigeben. Den Apfel mit der Bircher-Rohkostreibe direkt zu den Sauerrüben reiben. Die Wacholderbeeren und die Gemüsebrühe dazugeben, aufkochen und 15 Minuten auf kleinem Feuer zugedeckt kochen lassen. Die Füllung in einer Schüssel abkühlen lassen, die Sprossen daruntermischen.

3. Ofen auf 220 Grad vorheizen.

4. Eier und Sahne verquirlen. Den Käse darunter rühren. Würzen. Das Sauerkraut darunter mischen, in die Form füllen. Den überlappenden Teig auf die Füllung legen und den Rand mit dem verquirlten Eiweiß anstreichen. Den Deckel darauf legen und gut andrücken. Teigreste ausrollen und in 3 gleich breite Streifen schneiden. Die Teigstreifen zu einem Zopf flechten und den Rand damit verzieren. Das Eigelb mit wenig Wasser verdünnen, Deckel und Zopf damit anstreichen.

5. Pie im vorgeheizten Ofen auf mittlerem Einschub etwa 45 Minuten backen.

Serviervorschlag: Mit verschiedenen Blattsalaten an einer leichten Jogurtsauce servieren.

Blätterteig-Jalousie mit Paprika-Sauerrüben-Füllung

- *300 g Blätterteig*
- *1 Eigelb von einem Freilandei, zum Anstreichen*

Brandteig

- *100 ml/1 dl Milch*
- *50 g Butter*
- *Kräutermeersalz*
- *geriebene Muskatnuss*
- *40 g Bio-Weißmehl*
- *2 Freilandeier*

- *40 g geriebener Parmesan*
- *40 g Raclette-Käse, klein gewürfelt*

Füllung

- *1 kleine Zwiebel, fein gehackt*
- *1 TL Butterschmalz/Bratbutter*
- *1 EL Paprikapulver*
- *75 g Gemüsepaprika/Peperoni, klein gewürfelt*
- *150 g rohe Sauerrüben, gut abgetropft, grob gehackt*
- *Tamari*
- *Pfeffer aus der Mühle*

1. Für den Brandteig Milch und Butter aufkochen, mit Kräutersalz und Muskat würzen. Das Mehl im Sturz dazugeben, so lange rühren, bis sich ein Kloß gebildet hat. Den Topf von der Wärmequelle nehmen und den Teig etwas auskühlen lassen. Dann die Eier unter den Teig arbeiten.

2. Die Zwiebeln im Butterschmalz glasig anschwitzen. Paprika und Gemüsepaprika kurz mitdünsten. Die Sauerrüben darunter mischen. Abschmecken. Mit dem Käse und der Brandteigmasse glatt rühren.

3. Ofen auf 220 Grad vorheizen.

4. Den Blätterteig zu einem 30 cm großen Quadrat ausrollen. Je zwei Streifen von zirka 6 und 7 cm schneiden. Die schmäleren Streifen auf ein mit Backpapier belegtes Blech legen. Die Sauerrübenmasse in einen Spritzsack (ohne Tülle) füllen und auf die Teigstreifen spritzen. Mit dem zweiten Streifen decken, gut andrücken. Mit einer Messerspitze den Rand im Abstand von 1 cm nach innen stoßen, so dass ein schönes Muster entsteht. Die Teigoberseite im Abstand von 1,5 cm mit einer gut schneidenden Schere jalousieförmig einschneiden. Mit Eigelb anstreichen. 30 Minuten kühl stellen.

5. Das Blätterteiggebäck auf mittlerem Einschub rund 20 Minuten backen. Vor dem Servieren 10 Minuten stehen lassen.

Serviervorschlag: Mit einer dicken Tomatensauce aus frischen Tomaten und reichlich Basilikum servieren.

Sauerkraut-Samosas

- *6 große Frühlingsrollenblätter*
- *wenig Mehl und Wasser*

Füllung

- *100 g Süßkartoffeln (Batate)*
- *1 EL Butterschmalz/Bratbutter*
- *1 Frühlingszwiebel, fein gehackt*
- *1 Knoblauchzehe*
- *150 g rohes Sauerkraut*
- *100 ml/1 dl Gemüsebrühe*
- *100 g Maiskörner aus der Dose*
- *1 TL Currypaste*
- *1 Zweig frischer Koriander, Blättchen gezupft*
- *etwas Sesam- oder Olivenöl*
- *Tamari*

1. Die Süßkartoffeln schälen und mit der Bircher-Rohkostreibe reiben.

2. Die Frühlingszwiebeln und den durchgepressten Knoblauch im Butterschmalz anschwitzen. Die Süßkartoffeln und das Sauerkraut dazugeben und kurz mitdünsten. Mit der Gemüsebrühe ablöschen, aufkochen und auf kleinem Feuer zugedeckt 30 Minuten garen. Die Maiskörner unter das Kraut mischen. Abschmecken mit Currypaste, Koriander, Sesamöl und Tamari.

3. Die Teigblätter in 5 bis 6 cm breite Streifen schneiden. Wenig Mehl und Wasser zu einer klebrigen, dickflüssigen Masse rühren und die Teigränder damit einpinseln. Einen Esslöffel der Füllung auf ein Ende geben, nun eine Teigecke über die Füllung zur anderen Seite klappen. Nun die Ecke dieser Seite wieder zurückklappen und so lange wiederholen, bis ein regelmäßiges Dreieck entsteht.

4. Samosas im Fritieröl bei 180 Grad backen.

Serviervorschlag: mit kalten Saucen wie Raita, Erdnusssauce, süßsaurer Sauce sowie Gurkenpickles usw. servieren.

Zum Rezept: Die fernöstliche Küche hat uns zu diesem Gericht inspiriert.

Amaranth-Sauerkraut-Terrine mit Paprikasauce

für 8 Personen als Vorspeise

- *125 g rohes Sauerkraut*
- *3 Wacholderbeeren, 3 Kümmelsamen, 1/2 Knoblauchzehe, 5 Koriandersamen*
- *150 ml/1,5 dl Apfelsaft*
- *50 ml/0,5 dl Sauerkrautsaft*
- *50 ml/0,5 dl Gemüsebrühe*
- *50 g Amaranth*
- *30 g Zwiebeln, fein gehackt*
- *100 g Würfelchen von Möhren/Karotten und Lauch*
- *100 g/1 dl Sahne/Rahm*
- *1 KL Agar-Agar-Pulver*
- *1 EL trockener Weißwein*
- *20 g Butter*
- *1 EL gehackte Kräuter*

Paprikasauce

- *100 g Vollmilch-Jogurt*
- *1 Eigelb*
- *1 TL Senf*
- *50 g roter Gemüsepaprika/Peperoni, klein gewürfelt*
- *1 Knoblauchzehe, durchgepresst*
- *100 ml/1 dl kaltgepresstes Sonnenblumenöl*
- *1 TL Rosenpaprikapulver*
- *Kräutermeersalz , Pfeffer, Koriander, Tamari, Zitronensaft*

1. Das Sauerkraut gut ausdrücken und 50 ml/0,5 dl Saft auffangen. Das Kraut fein hacken.

2. Wacholder, Kümmel, Knoblauch und Koriander im Mörser fein zerstoßen.

3. Apfel- und Sauerkrautsaft sowie Gemüsebrühe aufkochen, Amaranth, Sauerkraut, Zwiebeln und zerstoßene Gewürze dazugeben, nochmals aufkochen. Im vorgeheizten Ofen zugedeckt bei 150 Grad etwa 45 Minuten garen. In Abständen von 10 Minuten kontrollieren und eventuell wenig Gemüsebrühe aufgießen. Wenn das Getreide und das Sauerkraut weich sind, sollte das Ganze noch feucht sein.

4. Die Gemüsewürfelchen und die Sahne unter das heiße Sauerkraut rühren. Agar-Agar-Pulver im Weißwein auflösen, unter das Kraut rühren. Nochmals unter ständigem Rühren aufkochen. Leicht auskühlen lassen, die Butter und die Kräuter darunter rühren.

5. Eine Terrineform mit kaltem Wasser ausspülen und die leicht ausgekühlte Terrinemasse einfüllen. Während mindestens 3 Stunden kühl stellen.

6. Für die Sauce die Zutaten bis und mit Rosenpaprika pürieren. Würzen.

Foto: Zum Fotografieren wurde eine halbrunde Terrineform verwendet. Die eine Hälfte der Terrine wurde in Paprikapulver gewendet, die andere in gepufftem Amaranth; die Terrine in 5 mm dicke Scheiben schneiden. Mit Sprossen und Radieschen anrichten.

Abbildung nebenan, unten

Curry-Sauerkrautsalat mit gebratenem Tempeh

Tempeh

- *80 g geräucherter Tempeh*
- *Butterschmalz/Bratbutter*
- *120 g Sojasprossen*
- *Tamari*
- *1 EL Honig*
- *einige Koriandersamen, gemahlen*

Sauerkrautsalat

- *300 g rohes Sauerkraut*

- *1 EL fein geschnittenes Zitronengras*
- *1 EL Ingwerwürfelchen (Brunoise)*
- *1 TL Currypaste*
- *Saft von 2 Limetten oder 1 Zitrone*
- *wenig Palmzucker*
- *50 ml/0,5 dl kaltgepresstes Sonnenblumenöl*
- *150 g Ananaswürfelchen*
- *50 g Lauch, in feinen Streifen*
- *1 EL frisch gehackter Koriander*
- *Kräutermeersalz*
- *weißer Pfeffer aus der Mühle*

- *Brüsseler Endivie*
- *roter Radicchio/Cicorino rosso*

1. Das Sauerkraut ausdrücken, 3 Esslöffel Flüssigkeit auffangen.

2. Sauerkrautsaft, Zitronengras, Ingwer und Currypaste aufkochen. Den Topf von der Wärmequelle nehmen, Limettensaft, Palmzucker und Sonnenblumenöl mit dem Schneebesen darunter rühren. Ananaswürfelchen, Lauch und Koriander dazugeben. Würzen. Die Sauce und das Sauerkraut gut mischen. 30 Minuten marinieren.

3. Den Tempeh in 5 mm große Würfel schneiden. Im Butterschmalz knusprig braten. Sojasprossen beigeben und kurz mitbraten. Mit dem Tamari und dem Honig würzen. Abschmecken mit Koriander.

4. Die Brüsseler Endivie und den roten Radicchio längs halbieren, quer in feine Streifen schneiden, waschen und trocken schleudern.

5. Die Salatstreifen auf Teller verteilen. Den Sauerkrautsalat darauf anrichten.

Zum Rezept: Sojasauce und Honig werden in der asiatischen Küche gerne kombiniert; sie sind eine sehr harmonische Verbindung. Sie passen auch gut zu Tofu, Geflügel und Garnelen/Crevetten.

Abbildung Seite 31, oben

Pfiffige Frühlingsrollen mit roten Teufelchen

für 18 bis 20 Rollen

- *200 g Brik-Teigblätter oder Strudelteig*
- *wenig Mehl und Wasser*

Füllung

- *1 Pfeffer-/Chilischote*
- *100 g Möhren/Karotten*
- *1 TL Sesam- oder Olivenöl*
- *50 g Tempeh, klein gewürfelt*
- *50 g Frühlingszwiebeln, fein gehackt*
- *100 g Sojasprossen*
- *250 g rohes Sauerkraut, gut ausgedrückt*
- *Tamari*
- *Currypulver oder -paste*

1. Die Pfefferschote halbieren, den Stielansatz und die Kerne entfernen, die Fruchthälften fein hacken.

2. Die Möhren schälen und mit dem Spar-/Kartoffelschäler Streifen abziehen.

3. Den Tempeh im Sesamöl knusprig braten. Zwiebeln, Sojasprossen und Möhrenstreifen dazugeben und kurz braten. Das Sauerkraut und die gehackte Pfefferschote beigeben, scharf würzen, auskühlen lassen.

4. Wenig Mehl und Wasser zu einer klebrigen, streichfähigen Masse verrühren.

5. Die Brik-Teigblätter in ca. 10 cm große Quadrate schneiden. Mit der Mehlmasse einpinseln. Die Füllung auf die Quadrate verteilen, rechts und links einen Rand frei lassen, die Ränder einschlagen und den Teig von der andern Seite her aufrollen.

6. Die Frühlingsrollen in der Friteuse bei 180 Grad oder im vorgeheizten Ofen bei 220 Grad auf mittlerem Einschub 15 Minuten backen. Mit einer süßsauren Sauce servieren.

Keimlinge von Hülsenfrüchten: Sie sind in rohem Zustand leicht blausäurehaltig und können Blähungen verursachen. Werden die Keimlinge für Salate, also rohe Speisen verwendet, blanchiert man sie 2 bis 3 Minuten in kochendem Wasser.

Sauerkrautsalat mit Äpfeln und bunter Rohkost

Sauerkrautsalat

- *400 g rohes Sauerkraut*
- *200 g rotbackige Äpfel*
- *100 ml/1 dl Apfelsaft naturtrüb*
- *1 Sträußchen glattblättrige Petersilie, fein gehackt*
- *3 EL kaltgepresstes Distelöl*
- *Kräutermeersalz*
- *weißer Pfeffer aus der Mühle*

Rohkost

- *400 g gemischtes Gemüse, z. B. Möhren/Karotten, Zucchini, Radieschen, Salatgurken, Tomaten usw.*
- *100 g Keimlinge und Sprossen gemischt, z. B. Sprossen von Rettich, Alfalfa und Keimlinge von Weizen usw.*

Salatsauce

- *4–5 EL Balsamessig*
- *150 ml/1,5 dl kaltgepresstes Olivenöl*
- *Kräutermeersalz*
- *weißer Pfeffer aus der Mühle*

1. Für den Salat die Äpfel, vierteln und entkernen. Apfelviertel längs in feine Scheiben schneiden. Einen Teil der Äpfel für die Garnitur auf die Seite legen, den Rest zerkleinern und mit dem Sauerkraut, dem Apfelsaft, der Petersilie und dem Distelöl mischen. Abschmecken mit Kräutersalz und Pfeffer.

2. Für die Rohkost das Gemüse waschen. Möhren schälen. Tomaten halbieren oder vierteln. Zucchini, Gurken und Radieschen samt Schale in Stäbchen schneiden oder mit der Rohkostreibe grob raspeln. Auch die Möhren in Stäbchen schneiden oder raspeln.

3. Den Sauerkrautsalat in die Tellermitte geben. Rohkost, Keimlinge und Sprossen sowie Tomaten rundum anrichten. Die Sauce über die Rohkost träufeln. Mit den restlichen Apfelscheiben garnieren.

Légumette: Die Möhren und die Zucchini wurden mit dem handlichen kleinen Küchengerät zu spagettiähnlichen Endlos-Spagetti gedreht; mit dem gleichen Gerät können auch Endlos-Spiralen gemacht werden. Die Légumette ist auch einsetzbar bei Knollensellerie, Gurke, Radieschen, Rettich, Kohlrabi, Kürbis, Rote Bete/Rande.

Pikante Hefeschnecken mit Sauerkrautfüllung

Hefeteig

- *40 g Butter*
- *ca. 300 ml/3 dl Milch*
- *30 g Frischhefe*
- *500 g frisch gemahlenes Weizen-Vollkornmehl*
- *1 TL Meersalz*

Füllung

- *1 EL Olivenöl*
- *1 roter Gemüsepaprika/Peperoni, in feinen Streifen*
- *2 Knoblauchzehen, in feinen Scheiben*
- *1 TL Chilipulver*
- *1 Pfeffer-/Chilischote, nach Belieben*
- *½ Portion Sauerkraut «Das Pfiffige», Seite 55*

1. Die Butter in einem kleinen Topf schmelzen, die Milch dazugeben und leicht erwärmen. Den Topf von der Wärmequelle nehmen. Die Hefe in der Milch auflösen.

2. Mit dem Mehl einen Kranz formen. Das Salz darüber streuen. Die Milch-Hefe-Mischung in die Vertiefung gießen. Das Mehl nach und nach mit der Flüssigkeit vermengen, zu einem Teig kneten. Den Hefeteig zugedeckt bei Zimmertemperatur auf das Doppelte aufgehen lassen.

3. Für die Füllung das Olivenöl erhitzen, die Gemüsepaprikastreifen darin unter ständigem Rühren knackig dünsten. Knoblauch, Chilipulver und nach Belieben wenig Pfefferschote untermischen.

4. Das Sauerkraut ausdrücken, grob hacken und mit dem Gemüsepaprika mischen. Auskühlen lassen.

5. Ofen auf 200 Grad vorheizen.

6. Den Hefeteig zu einem Rechteck von etwa 5 mm Dicke ausrollen. Die Füllung so darauf verteilen, dass auf der Längsseite ein Streifen frei bleibt, Teig einrollen und in 2 cm dicke Scheiben schneiden. Die Scheiben auf ein mit Backpapier belegtes Kuchenblech legen und 10 Minuten gehen lassen.

7. Die Sauerkrautschnecken auf dem untersten Einschub rund 20 Minuten backen.

Variante: Auch Sauerrüben eignen sich für dieses Rezept. Diese gut ausdrücken und mit gehackten Gartenkräutern, 2 EL geriebenem Parmesan und 1 EL Vollmilchquark mischen. Mit Pfeffer, Kräutersalz und Tamari würzen.

Sauerkrauthörnchen

für 18 bis 20 Stück

- *400 g Blätterteig*
- *1 Eigelb von einem Freilandei, zum Anstreichen*

Füllung

- *500 g rohes Sauerkraut*
- *1 TL Butterschmalz/Bratbutter*
- *100 g Speck, klein gewürfelt*
- *80 g Lauch, fein geschnitten*
- *80 g Crème double/Doppelrahm*
- *80 g Greyerzer Käse, klein gewürfelt*
- *Pfeffer aus der Mühle*
- *Kräutermeersalz*
- *geriebene Muskatnuss*

1. Das Sauerkraut gut ausdrücken und grob hacken.

2. Die Speckwürfelchen im Butterschmalz langsam knusprig braten, zum Sauerkraut geben. Die restlichen Zutaten unter das Kraut mischen. Würzen.

3. Den Blätterteig zu einem Rechteck von 3 mm Dicke ausrollen. Den Teig in 12 cm breite Streifen schneiden und diese zuerst in Quadrate, dann in Dreiecke.

4. Ofen auf 220 Grad vorheizen.

5. Die Füllung auf die Dreiecke verteilen. Die Ränder mit Wasser einpinseln. Die Dreiecke von der breiten Seite zur Spitze aufrollen, die Teigenden gut zusammendrücken. Die Hörnchen auf ein mit Backpapier belegtes Kuchenblech legen. Vor dem Backen einige Zeit kühl stellen; so geht der Blätterteig besser auf. Die Hörnchen vor dem Backen mit Eigelb anstreichen.

6. Die Hörnchen auf mittlerem Einschub rund 20 Minuten backen.

Variante: Statt Hörnchen können auch Krapfen gemacht werden.

Erbsenblinis mit lauwarmem Möhren-Sauerrüben-Salat

Blinis

- *400 g grüne Erbsen, am besten tiefgefrorene*
- *1 Freilandei*
- *1 Eigelb von einem Freilandei*
- *125 g Crème double/Doppelrahm*
- *80 g Bio-Weißmehl*
- *30 g flüssige Butter*
- *1 EL gehackte Pfefferminze*
- *Kräutermeersalz*
- *Pfeffer aus der Mühle*
- *geriebene Muskatnuss*
- *Butterschmalz/Bratbutter*

Sauerrübensalat

- *200 g rohe Sauerrüben*
- *200 g Möhren/Karotten*
- *2 EL Chinakohlsprossen oder andere Sprossen*

Sauce

- *100 ml/1 dl Möhren-/Karottensaft*
- *1 EL Honig*
- *Saft einer halben Zitrone*
- *wenig geriebener Ingwer*
- *Pfeffer aus der Mühle*
- *Kräutermeersalz*
- *2 EL Haselnuss- oder Sonnenblumenöl*

1. Für die Blinis die Erbsen im Dampf 5 Minuten garen. Sämtliche Zutaten mixen. Im Butterschmalz in einer nicht klebenden Bratpfanne 8 Rondellen von etwa 6 cm Durchmesser braten.

2. Für die Sauce Möhrensaft, Honig, Zitronensaft und Gewürze leicht erwärmen, zum Schluss das Öl darunter rühren.

3. Die Sauerrüben gut ausdrücken.

4. Die Möhren in feine Stäbchen schneiden.

5. Sauerrüben, Möhren und Sprossen mit der warmen Sauce mischen.

6. Ein Blini in die Mitte des Tellers legen, den Sauerrübensalat darauf anrichten, mit einem zweiten Blini decken. Mit Möhrenstäbchen garnieren.

Lauwarmer Sauerkrautsalat mit gebackenen Garnelen

- *500 g rohes Sauerkraut*
- *1 Msp Safranpulver*
- *50 ml/0,5 dl kaltgepresstes Maiskeim- oder Sonnenblumenöl*
- *80 ml/0,8 dl frisch gepresster Orangensaft*
- *Kräutermeersalz*
- *weißer Pfeffer aus der Mühle*

Teig

- *100 g Bio-Weißmehl*
- *125 ml/1,25 dl Apfelsaft naturtrüb*
- *1 Freilandei, Eiweiß und Eigelb getrennt*
- *20 g flüssige Butter*
- *je 1 Prise Meersalz und Zucker*
- *weißer Pfeffer aus der Mühle*

- *12 mittelgroße Garnelen/Scampi*

- *Fritieröl*

1. Safran, Maiskeimöl und Orangensaft mit dem Sauerkraut gut mischen. Würzen. 30 Minuten marinieren.

2. Für den Ausbackteig Mehl, Apfelsaft und Eigelb glatt rühren. Flüssige Butter, Salz und Zucker darunter rühren. Das steif geschlagene Eiweiß darunter ziehen.

3. Die Garnelen schälen, mit Salz und Pfeffer würzen.

4. Fritieröl auf 180 Grad erhitzen. Die Garnelen durch den Teig ziehen und im Öl goldgelb backen.

5. Den Sauerkrautsalat erwärmen, auf Tellern anrichten. Die gebackenen Garnelen darauf setzen, mit Blattsalat der Saison garnieren.

Tipp: Die Garnelen können auch durch Flusskrebsschwänze oder Eglifilets ersetzt werden.

Schaumiges Sauerkrautsüppchen mit Garnelen

- *1 EL Butterschmalz/Bratbutter*
- *50 g Zwiebeln, fein gehackt*
- *150 g mehlige Kartoffeln, klein gewürfelt*
- *einige Kümmelsamen*
- *200 g rohes Sauerkraut, grob gehackt*
- *100 ml/1 dl Weißwein*
- *800 ml/8 dl Gemüsebouillon*
- *200 g/2 dl Sahne/Rahm*
- *Meersalz*
- *Pfeffer aus der Mühle*

- *200 g Weißkohl/-kabis, in feinen Streifen*

- *200 g Garnelen/Riesenkrevetten, geschält*
- *Kräutermeersalz*
- *weißer Pfeffer aus der Mühle*
- *1 EL Butterschmalz/Bratbutter*

1. Die Zwiebeln im Butterschmalz anschwitzen, die Kartoffeln und den Kümmel dazugeben und mitanschwitzen. Das Sauerkraut dazugeben, mit dem Weißwein ablöschen und mit der Gemüsebrühe auffüllen, aufkochen und etwa 30 Minuten auf kleinem Feuer kochen lassen. Die Suppe pürieren.

2. Den Weißkohl in wenig Gemüsebrühe weich dünsten.

3. Die Garnelen mit Kräutersalz und Pfeffer würzen, im Butterschmalz knusprig braten.

4. Die Suppe mit der Sahne aufkochen. Abschmecken. Den Weißkohl dazugeben. Anrichten. Mit den Garnelen garnieren.

Abbildung Seite 43, oben

Rustikale Sauerkrautsuppe

- *1 EL Butterschmalz/Bratbutter*
- *50 g Zwiebeln, fein gehackt*
- *1 Knoblauchzehe*
- *200 g mehlige Kartoffeln, gewürfelt*
- *300 g rohes Sauerkraut*
- *1 EL edelsüßes Paprikapulver*
- *100 ml/1 dl trockener Weißwein*
- *1 l Gemüsebrühe*
- *Kräutermeersalz, weißer Pfeffer*

Wacholdercroûtons

- *12 Scheiben Vollkornbaguette*
- *50 g weiche Butter*
- *1 EL milder Senf*
- *8 zerdrückte Wacholderbeeren*

1. Die Zwiebeln und den durchgepressten Knoblauch im Butterschmalz langsam anschwitzen. Zuerst die Kartoffeln dazugeben und mitanschwitzen, dann das Sauerkraut. Mit Paprika bestäuben und dem Weißwein ablöschen, mit der Gemüsebrühe auffüllen. Aufkochen und etwa 20 bis 30 Minuten auf kleinem Feuer kochen lassen; die Kartoffeln sollen nicht zerfallen. Würzen.

2. Die Brotscheiben mit der Butter und dem Senf bestreichen, die zerdrückten Wacholderbeeren darüber streuen. Im vorgeheizten Ofen bei starker Oberhitze kurz überbacken.

3. Die Suppe anrichten, die Croûtons darauf legen.

Kaltes Kartoffel-Kraut-Süppchen mit Gurken

- *100 g Kartoffeln*
- *1 Bund Dill*
- *200 g rohes Sauerkraut, gehackt*
- *2 Becher Vollmilch-Jogurt (je 180 g)*
- *50 ml/0,5 dl Gemüsebrühe*
- *1 TL grobkörniger Senf*
- *1 EL kaltgepresstes Distelöl*
- *1/2 Knoblauchzehe*
- *Kräutermeersalz, Pfeffer*
- *Worcestersauce*
- *1 Prise getrocknete Pfeffer-/Chilischote*

- *1 Salatgurke, klein gewürfelt*

1. Kartoffeln in der Schale im Dampf garen, noch warm schälen und zerkleinern.

2. Die Dillblättchen zupfen, die Stängel fein schneiden.

3. Alle Zutaten – ohne Gurken – pürieren.

4. Die Suppe kräftig würzen, die Gurkenwürfelchen dazugeben.

Abbildung:
oben: Schaumiges Sauerkrautsüppchen mit Garnelen (41
unten: Rustikale Sauerkraut-Suppe (nebenan)

Sauerkraut-Topinambur-Suppe

- *1 EL Butterschmalz/Bratbutter*
- *1 kleiner Lauch, fein geschnitten*
- *200 g Topinambur, klein gewürfelt*
- *200 g rohes Sauerkraut*
- *100 ml/1 dl trockener Weißwein*
- *800 ml/8 dl Gemüsebrühe*
- *100 g Kasseler/geräuchertes Rippli*
- *1 EL rote Linsen*
- *200 g/2 dl Sahne/Rahm*
- *Kräutermeersalz*
- *Tamari*
- *Pfeffer aus der Mühle*
- *gehackter Majoran*

1. Den Lauch im Butterschmalz anschwitzen, Topinambur dazugeben und mitanschwitzen. 150 g Sauerkraut zum Lauch geben, mit dem Weißwein ablöschen und der Gemüsebrühe auffüllen. Das Fleisch dazugeben und aufkochen, rund 30 Minuten auf kleinem Feuer zugedeckt kochen lassen. Das Fleisch aus der Suppe nehmen. Die Suppe pürieren und durch ein Sieb streichen.

2. Das restliche Sauerkraut fein hacken, zusammen mit der Suppe und den Linsen aufkochen. Die Suppe weitere 10 Minuten köcheln lassen, bis die Linsen weich sind. Das in kleine Würfel geschnittene Fleisch und die Sahne dazugeben, nochmals aufkochen. Die Suppe würzen und die gehackten Kräuter darüber streuen.

Sauerrübencreme mit Griessklösschen

- *1 EL Butterschmalz/Bratbutter*
- *1 Schalotte, fein gehackt*
- *4 Champignons, in Scheiben*
- *1 kleines Stück weißer Lauch, in Streifen*
- *1 EL Rundkornreis*
- *500 g rohe Sauerrüben*
- *50 ml/0,5 dl Weißwein*
- *800 ml/8 dl Gemüsebrühe*
- *100 g/1 dl Sahne/Rahm*
- *Kräutermeersalz*
- *weißer Pfeffer aus der Mühle*
- *2 EL geschlagene Sahne/Rahm*
- *1 Bund Schnittlauch, fein geschnitten*

Grießklößchen (ca. 14 Stück)

- *30 g zimmerwarme Butter*
- *1 Freilandei*
- *70 g Weizengrieß*
- *1 EL fein gehackte Kräuter, z. B. Petersilie, Kerbel, Majoran*
- *Kräutermeersalz*
- *1 Prise geriebene Muskatnuss*

1. Für die Grießklößchen die Butter mit dem Ei, dem Grieß und den Kräutern verrühren. Würzen. 30 Minuten ruhen lassen.

2. Schalotten im Butterschmalz anschwitzen. Champignons, Lauch und Reis dazugeben und mitanschwitzen. Die Sauerrüben beigeben, mit dem Weißwein ablöschen und der Gemüsebrühe auffüllen. Aufkochen und auf kleinem Feuer kochen lassen, bis die Sauerrüben weich sind. Pürieren.

3. Für die Grießklößchen etwa einen Liter Salzwasser oder Gemüsebrühe aufkochen. Von der Masse mit einem Teelöffel Klößchen abstechen, 3 Minuten auf kleinem Feuer kochen lassen, zur Seite stellen und zugedeckt 10 Minuten ziehen lassen.

4. Die Suppe und die Sahne aufkochen. Würzen. Die geschlagene Sahne darunter rühren.

5. Sauerrübensuppe anrichten. Die Klößchen in die Suppe legen. Mit dem Schnittlauch garnieren.

Suppeneintopf mit Kohl und Rüben

- *100 g getrocknete rote Bohnenkerne (Indianerbohnen)*
- *150 g Dinkelkörner*
- *1 EL Butterschmalz/Bratbutter*
- *70 g Zwiebeln, fein gehackt*
- *2 Knoblauchzehen*
- *200 g Weißkohl, in feinen Streifen*
- *1 TL Rosenpaprikapulver*
- *1 TL Senf*
- *einige Kümmelsamen*
- *1,5 l Gemüsebrühe*
- *100 g Möhren/Karotten, klein gewürfelt*
- *150 g rohe Sauerrüben*
- *1 EL fein gehackter, frischer Majoran*
- *Kräutermeersalz*
- *weißer Pfeffer aus der Mühle*

1. Dinkel und Bohnenkerne über Nacht getrennt in kaltem Wasser einlegen. Das Einweichwasser weggießen.

2. Die Bohnen in reichlich frischem Wasser aufkochen, auf kleinem Feuer rund 45 Minuten garen, bis die Kerne weich sind.

3. Zwiebeln und durchgepressten Knoblauch im Butterschmalz anschwitzen. Den Weißkohl und den Dinkel dazugeben, mit dem Paprika bestäuben. Senf und Kümmel dazugeben, mit der Gemüsebrühe auffüllen, aufkochen und auf kleinem Feuer rund 20 Minuten köcheln lassen. Die Möhren und die abgetropften Sauerrüben in den Kochtopf geben, nochmals 20 Minuten köcheln lassen, bis der Dinkel weich und etwas aufgequollen ist. Zum Schluss die Bohnenkerne und den gehackten Majoran untermischen. Abschmecken.

Tipp: Bei diesem Gericht kann auch ein Stück Speck oder Kasseler/Rippli mitgekocht werden. Die Suppe als Hauptspeise servieren, da sie als Vorspeise zu reichhaltig ist.

Das Edle

- *1 EL Butterschmalz/Bratbutter*
- *40 g Zwiebeln, fein gehackt*
- *500 g rohes Sauerkraut*
- *1 Gewürzbeutel (2 Wacholderbeeren, 1 Msp Kümmel, 5 zerdrückte Pfefferkörner und 1 Lorbeerblatt in ein kleines Mull-/Gazetuch einbinden)*
- *1 Speckschwarte*
- *200 ml/2 dl Gemüsebrühe*
- *1 kleine mehlige Kartoffel*
- *100 ml/1 dl Apfelsaft naturtrüb*
- *100 ml/1 dl Champagner*
- *150 g/1,5 dl Sahne/Rahm*
- *Kräutermeersalz*

1. Ofen auf 180 Grad vorheizen.

2. Die Zwiebeln in einem Schmortopf in der Butter glasig anschwitzen. Sauerkraut, Gewürzbeutel und Speckschwarte dazugeben und kurz mitanschwitzen. Mit der Gemüsebrühe ablöschen. Das Sauerkraut im Ofen auf mittlerem Einschub zugedeckt 45 Minuten schmoren lassen.

3. Die Kartoffel schälen und mit der Bircher-Rohkostreibe fein reiben, zusammen mit dem Apfelsaft unter das Sauerkraut mischen, nochmals etwa 30 Minuten zugedeckt schmoren lassen.

4. Gewürzbeutel und Speckschwarte entfernen, den Champagner und die steif geschlagene Sahne darunter rühren. Abschmecken.

Zum Rezept: Bei diesem Gericht ist es wichtig, dass nur eine Speckschwarte und nicht etwa ein Stück Speck mitgekocht wird; sie reicht für das Aroma völlig aus.

Serviervorschlag: Zum Sauerkraut «Das Edle» passen sehr gut Filets von Süßwasserfisch, z. B. Zander, Forelle oder Wels, an einer leichten Wacholdersauce.

Das Scharfe

- *je 100 g roter und gelber Gemüsepaprika/Peperoni*
- *1 TL Olivenöl*

- *1 EL Olivenöl*
- *50 g Zwiebeln, fein gehackt*
- *3 Knoblauchzehen, gehackt*
- *1 Msp Chilipulver*
- *1/2 TL edelsüßes Paprikapulver*
- *wenig Kreuzkümmel*
- *1 kleine Pfeffer-/Chilischote*
- *100 ml/1 dl Rotwein*
- *400 ml/4 dl Gemüsebrühe*

- *500 g rohes Sauerkraut*
- *1 TL Honig*
- *Kräutermeersalz*
- *weißer Pfeffer aus der Mühle*

1. Gemüsepaprika halbieren, Stielansatz und Kerne entfernen. Die Fruchthälften in Würfelchen schneiden, Reste für die Sauce verwenden.

2. Für die Sauce Zwiebeln, Knoblauch und Gemüsepaprika-Reste im Olivenöl anschwitzen. Chili, Paprika, Kreuzkümmel und Pfefferschoten beigeben und kurz rösten. Mit dem Rotwein ablöschen, langsam einkochen lassen. 200 ml/2 dl Gemüsebrühe beigeben, aufkochen und auf kleinem Feuer so lange kochen lassen, bis das Gemüse gar ist. Pürieren.

3. Das Sauerkraut und die restliche Gemüsebrühe zur Gemüsepaprikasauce geben, aufkochen und zugedeckt auf kleinem Feuer 1 Stunde kochen lassen.

4. Die Gemüsepaprikawürfelchen kurz im Olivenöl anschwitzen. Unter das Sauerkraut mischen. Nochmals 5 Minuten ziehen lassen. Abschmecken mit Honig, Kräutersalz und Pfeffer.

Serviervorschlag: Eine harmonische Kombination sind gebratene Freiland-Hähnchenbrust oder Medaillons von Seeteufel. Eine Jogurtsauce mit Kräutern und Koriander (Rezept «Raita», Seite 23) kühlt den Gaumen angenehm.

Pfefferschote: Sie kann höllisch scharf sein und brennen. Deshalb Hände nach der Zubereitung sofort waschen und den Augenkontakt meiden.

Das Fruchtige (mit Orangen)

- *500 g rohes Sauerkraut*
- *200 ml/2 dl Orangensaft, frisch gepresst*
- *1 Stück Ingwer, geschält und klein gewürfelt*
- *12 zerdrückte Korianderkörner*
- *1/2 getrocknete Pfeffer-/Chilischote*
- *1 EL geschroteter Reis*
- *1 unbehandelte Orange*

1. Sämtliche Zutaten bis und mit geschrotetem Reis aufkochen, auf kleinem Feuer 45 Minuten kochen lassen.

2. Von der Orange mit einem Zestenreißer oder mit einem scharfen Messer Streifen abziehen und diese längs in feine Streifen schneiden. Unter das Sauerkraut mischen.

Abbildung:
ganz oben: Das Fruchtige (mit Äpfeln) (54)
oben rechts: Das Bunte (55)
oben Mitte: Das Traditionelle (52)
Mitte links: Rohes Sauerkraut
Mitte rechts: Das Östliche (53)
unten links: Das Fernöstliche (55)
unten rechts: Das Bündnerische (52)

Das Bunte

- *1 EL Butterschmalz/Bratbutter*
- *50 g Zwiebeln, fein gehackt*
- *200 g bunte Gemüsewürfelchen (Möhren/Karotten, Knollensellerie, Pfälzer/gelbe Rüben, Kürbis)*
- *200 g rohes Sauerkraut*
- *200–300 ml/2–3 dl Gemüsebrühe*
- *80 g saure Sahne/Sauerrahm*
- *Kräutermeersalz*
- *weißer Pfeffer aus der Mühle*
- *1 Sträußchen glattblättrige Petersilie, fein gehackt*

1. Die Zwiebeln im Butterschmalz glasig anschwitzen. Die Gemüsewürfelchen und das Sauerkraut beigeben. Mit der Gemüsebrühe auffüllen, aufkochen und etwa 30 Minuten zugedeckt auf kleinem Feuer kochen lassen. Gemüse und Sauerkraut sollten noch leichten Biss haben.

2. Ganz am Schluss die saure Sahne unterziehen und gut abschmecken. Petersilie beifügen.

Zum Rezept: Weshalb dieses Gericht nicht einmal mit Sauerrüben ausprobieren? Dazu ofenfrisches Bauernbrot und geräucherten Tofu servieren. Unpasteurisierter Tofu ist weicher und feiner als pasteurisierter. Der Tofu kann auch in Würfel geschnitten und in wenig Butterschmalz gebraten werden, abschmecken mit Tamari und wenig Honig – ein Gedicht!

Das Traditionelle

- *1 EL Butterschmalz/Bratbutter*
- *80 g Räucherspeck, gewürfelt*
- *120 g Zwiebeln, fein gehackt*
- *400–500 ml/4–5 dl Gemüsebrühe*
- *100 ml/1 dl trockener Weißwein*
- *500 g rohes Sauerkraut*
- *1 Gewürzbeutel (1 Lorbeerblatt, 2 Wacholderbeeren, 4 Pfefferkörner)*
- *2 kleine Kartoffeln*
- *Kräutermeersalz*

1. Die Speckwürfelchen im Butterschmalz langsam braten, die Zwiebeln dazugeben und glasig anschwitzen. Mit der Gemüsebrühe und dem Weißwein ablöschen. Das Sauerkraut und den Gewürzbeutel beigeben, aufkochen und zugedeckt auf kleinem Feuer 35 Minuten kochen lassen.

2. Die geschälten Kartoffeln mit der Bircher-Rohkostreibe direkt zum Sauerkraut reiben, 10 Minuten köcheln lassen, damit die Kartoffelstärke die Flüssigkeit binden kann. Den Gewürzbeutel entfernen und das Kraut nach Belieben nachwürzen.

Abbildung Seite 50

Das Bündnerische

- *1 EL Butterschmalz/Bratbutter*
- *50 g Räucherspeck, gewürfelt*
- *50 g Bündner Salsiz, gewürfelt*
- *50 g Zwiebeln, fein gehackt*
- *30 g Lauch, fein geschnitten*
- *40 g Rollgerste*
- *300–400 ml/3–4 dl Gemüsebrühe*
- *500 g rohes Sauerkraut*
- *100 ml/1 dl Apfelsaft naturtrüb*
- *1 Lorbeerblatt*
- *2 Wacholderbeeren*
- *Kräutermeersalz*
- *weißer Pfeffer aus der Mühle*

1. Die Räucherspeck- und Salsizwürfelchen im Butterschmalz langsam knusprig braten. Die Zwiebeln und den Lauch dazugeben und kurz anschwitzen. Die Gerste dazugeben, mit der Gemüsebrühe ablöschen. Sauerkraut, Apfelsaft, Lorbeerblatt und Wacholderbeeren dazugeben, aufkochen und auf kleinem Feuer zugedeckt etwa 1 Stunde kochen lassen. Mit Kräutersalz und Pfeffer würzen.

Gerste: Das Getreide der Bergbauern gedeiht auf einer Höhe bis 2000 Meter über Meer. Dieses Gericht kann auch mit einem anderen Getreide zubereitet werden.

Abbildung Seite 50

Das Östliche

- *1 EL Butterschmalz/Bratbutter*
- *100 g Zwiebeln, fein gehackt*
- *250 g Kartoffeln, klein gewürfelt*
- *200 g rohe rote Beten/Randen, geschält, klein gewürfelt*
- *600 ml/6 dl Gemüsebrühe*
- *100 ml/1 dl Rote-Bete-/Randensaft*
- *500 g rohes Sauerkraut*
- *1 EL Senf*
- *1 Knoblauchzehe*
- *einige Kümmelsamen*
- *1 Lorbeerblatt*
- *200 g saure Sahne/Sauerrahm*
- *1 EL Birnendicksaft*
- *Kräutermeersalz*
- *weißer Pfeffer aus der Mühle*
- *gehackter Dill*

1. Die Zwiebeln im Butterschmalz glasig anschwitzen. Die Kartoffel- und Rote-Bete-Würfelchen dazugeben und sofort mit der Gemüsebrühe und dem Rote-Bete-Saft ablöschen. Sauerkraut, Senf, durchgepressten Knoblauch, Kümmel und Lorbeerblatt dazugeben, aufkochen und zugedeckt auf kleinem Feuer etwa 45 Minuten kochen lassen. Das Lorbeerblatt entfernen.

2. Die saure Sahne unter das Kraut rühren. Abermals erhitzen. Abschmecken mit Birnendicksaft, Kräutersalz und weißem Pfeffer. Vor dem Servieren den Dill darunter rühren.

Zum Rezept: Am besten schmeckt dieses Sauerkraut, wenn geräucherter Speck oder Kasseler/Rippli mitgekocht wird. Auch ein in der Brühe gegartes Freilandhähnchen und süßsaure Zwetschgen passen gut dazu.

Abbildung Seite 50

Das Fruchtige (mit Äpfeln)

- *1 mittelgroßer Boskop samt Schale*
- *1 EL Butterschmalz/Bratbutter*
- *50 g Lauch, in feinen Streifen*
- *500 g rohes Sauerkraut*
- *1 Lorbeerblatt*
- *4 Pfefferkörner*
- *300–400 ml/3–4 dl Apfelsaft naturtrüb*
- *wenig frischer Meerrettich*
- *Kräutermeersalz*
- *weißer Pfeffer aus der Mühle*

- *1 Boskop*
- *10 g Butter*

1. Den Boskop mit dem Gemüsehobel/der Röstiraffel hobeln. Zusammen mit dem Lauch im Butterschmalz anschwitzen. Sauerkraut, Lorbeerblatt und Pfefferkörner dazugeben. Mit dem Apfelsaft ablöschen, aufkochen und zugedeckt auf kleinem Feuer etwa 45 Minuten kochen lassen. Das Lorbeerblatt und die Pfefferkörner entfernen.

2. Den zweiten Apfel vierteln, entkernen und in feine Scheiben schneiden, in der Butter kurz dünsten.

3. Die gedünsteten Äpfel unter das Sauerkraut mischen. Würzen mit frischem Meerrettich, Kräutersalz und weißem Pfeffer.

Serviervorschlag: Warm kann das Kraut mit gekochter Schulter von Naturabeef oder mit einer kräftigen Zungenwurst kombiniert werden. Auch kalt schmeckt es vorzüglich. Für eine vegetarische Mahlzeit kocht man 20 g Naturreis mit und serviert das Kraut mit gebratenen Ananasscheiben.

Abbildung Seite 50

Das Fernöstliche

- *1 EL Sesamöl*
- *60 g junge Zwiebeln, geschält*
- *500 g rohes Sauerkraut*
- *wenig frischer Ingwer, geschält*
- *1 Stängel Zitronengras, längs halbiert*
- *400 ml/4 dl Gemüsebrühe*
- *2 EL Currypaste*
- *1 TL Palmzucker*
- *Kräutermeersalz*
- *60 ml/0,6 dl Kokosmilch*

1. Die ganzen Zwiebeln im Sesamöl anschwitzen. Das Sauerkraut, den ganzen Ingwer und das Zitronengras dazugeben. Mit der Gemüsebrühe ablöschen, aufkochen und auf kleinem Feuer zugedeckt etwa 1 Stunde kochen lassen. Mit Currypaste, Palmzucker und Kräutersalz würzen, mit der Kokosmilch abschmecken.

Zum Rezept: Die Currypaste immer sparsam verwenden, da sie sehr scharf sein kann. Die Pasten sind in Thai-Shops erhältlich; es werden meistens grüne, gelbe und rote angeboten. In der Regel ist die grüne Paste am schärfsten.

Serviervorschlag: Wenn «das Fernöstliche» mit kleinen Kartoffeln gekocht wird, erhält man eine vollwertige vegetarische Mahlzeit!

Abbildung Seite 50

Das Pfiffige

- *1 EL Olivenöl*
- *100 g Zwiebeln, fein gehackt*
- *3 Knoblauchzehen, fein gehackt*
- *500 g Sauerkraut*
- *1 Gewürzbeutel (1 Thymianzweig, 1 Lorbeerblatt, 4 Pfefferkörner)*
- *200–300 ml/2–3 dl Gemüsebrühe*
- *100 g getrocknete Tomaten, eingeweicht*
- *50 g weißer und gelber Lauch, fein geschnitten*
- *1 EL Butterschmalz/Bratbutter*
- *100 g geräucherter Tempeh, gewürfelt*
- *100 g Kürbis, gewürfelt*
- *Kräutermeersalz*
- *weißer Pfeffer, 1 TL Honig*
- *wenig Pfeffer-/Chilischote*

1. Zwiebeln und Knoblauch im Öl anschwitzen. Das Sauerkraut und den Gewürzbeutel dazugeben. Mit der Gemüsebrühe auffüllen, aufkochen und zugedeckt auf kleinem Feuer 1 Stunde kochen lassen. Die Tomaten zusammen mit dem Lauch zum Sauerkraut geben, 10 Minuten ziehen lassen.

2. Tempeh in wenig Butterschmalz knusprig braten, Kürbiswürfelchen kurz mitbraten.

3. Tempeh-Kürbis-Mischung unter das Sauerkraut mischen. Abschmecken mit Salz, Pfeffer, Honig und Pfefferschoten.

Gefüllte Buchweizen-Pfannkuchen auf Gemüse

Pfannkuchen

- *130 ml/1,3 dl Milch*
- *60 ml/0,6 dl Wasser*
- *1 Msp Meersalz*
- *1 Msp geriebene Muskatnuss*
- *60 g Buchweizenmehl, gesiebt*
- *2 Freilandeier*
- *30 g flüssige Butter*

- *Butterschmalz/Bratbutter, zum Braten*
- *50 g Parmesan, gerieben*

Füllung

- *1 EL Butterschmalz/Bratbutter*
- *150 g Seitan, in ca. 3 mm großen Würfelchen*
- *Tamari*
- *Honig*
- *300 g Sauerrüben*
- *100 g Pelati-Tomaten*
- *50 g/0,5 dl Sahne/Rahm*

Gemüse

- *1 EL Olivenöl*
- *400 g Gemüse, z. B. Kürbis, Zucchini, in Streifen*
- *100 g Pelati-Tomaten*
- *Tamari, Pfeffer, Thymian*

1. Für die Crêpes Milch, Wasser, Salz, Muskat und Mehl glatt rühren. Die Eier darunter rühren. Rund 1 Stunde ruhen lassen.

2. Seitanwürfelchen im Butterschmalz braten. Mit Tamari und Honig abschmecken.

3. Seitan, Sauerrüben und Pelati aufkochen, 20 Minuten auf mittlerem Feuer kochen lassen. Die Sahne dazugeben, so lange köcheln lassen, bis das Ganze bindet.

4. Die flüssige Butter unter den Pfannkuchenteig rühren. Im Butterschmalz 16 kleine Pfannkuchen braten.

5. Das Gemüse im Olivenöl unter ständigem Rühren dünsten. Die Pelati beigeben, einige Minuten köcheln lassen. Würzen.

6. Ofen auf 220 Grad vorheizen.

7. Die Pfannkuchen mit der Seitan-Sauerrüben-Mischung füllen. In eine gebutterte Gratinform legen. Das Gemüse darauf verteilen, mit dem Käse bestreuen. Auf mittlerem Einschub überbacken.

Abbildung:
oben: Gefüllte Buchweizen-Pfannkuchen
unten: Kartoffel-Sauerkraut-Gröstl mit frischen Steinpilzen (58)

20 A

Kartoffel-Sauerkraut-Gröstl mit frischen Steinpilzen

- *300 g kleine, junge Kartoffeln*
- *400 g frische Steinpilze*
- *1 Apfel*
- *100 g Möhren/Karotten oder Pfälzer/gelbe Rüben*
- *wenig Butterschmalz/Bratbutter*
- *200 g Sauerkraut «Das Traditionelle», Seite 52*
- *Kräutermeersalz*
- *weißer Pfeffer aus der Mühle*
- *wenig Balsamessig*

1. Die Kartoffeln waschen und samt Schale im Dampf garen.

2. Die Steinpilze putzen, den Stiel kappen, in Scheiben schneiden.

3. Den Apfel vierteln, entkernen und in Spalten schneiden.

4. Möhren oder Pfälzer schälen und in Stäbchen schneiden. Im Dampf kurz garen.

5. Kartoffeln schälen, längs halbieren, im Butterschmalz goldgelb braten, die Steinpilze und die Apfelspalten dazugeben und mitbraten. Die Möhren und das Sauerkraut untermischen. Mit Kräutersalz und Pfeffer abschmecken.

6. Das Gröstl anrichten, mit einigen Tropfen Balsamessig beträufeln. Dazu passt eine leichte Wacholdersauce, Seite 86.

Zum Rezept: Ein in Österreich und Bayern sehr beliebtes Gericht.

Abbildung Seite 57, unten

Sauerkrautkrapfen auf bunter Gerste

Krapfenteig

- *250 ml/2,5 dl Milch*
- *250 ml/2,5 dl Wasser*
- *1 EL Meersalz*
- *1 EL Soja- oder Olivenöl*
- *250 g Bio-Weißmehl*
- *250 g Dinkelmehl*
- *1 Eiweiß*
- *Butterschmalz/Bratbutter*

Krapfenfüllung

- *400 g mehlige Kartoffeln*
- *150 g Räuchertofu, klein gewürfelt*
- *150 g rohes Sauerkraut, gut abgetropft*
- *1 EL Sprossen*
- *2 EL fein gehackte Zwiebeln*
- *gehackte Kräuter wie Petersilie, Majoran und Estragon*
- *Kräutermeersalz/Pfeffer*

Gerste

- *60 g Gerste*
- *200 ml/2 dl Gemüsebrühe*
- *200 g rohes Sauerkraut*
- *50 g feine Gemüsestreifen*
- *3 EL Sonnenblumenöl*
- *2 EL Balsamessig*
- *Kräutermeersalz/Pfeffer*

1. Für den Krapfenteig (kann am Vorabend gemacht werden) Milch, Wasser, Salz und Öl aufkochen. Das Mehl im Sturz dazugeben und rühren, bis sich der Teig vom Topfboden löst. Den Teigkloß auf bemehlter Arbeitsfläche nachkneten. In Klarsichtfolie einwickeln und am besten über Nacht ruhen lassen.

2. Gerste und Gemüsebrühe aufkochen, auf der ausgeschalteten Wärmequelle zugedeckt 1 bis 2 Stunden quellen lassen. Mit den restlichen Zutaten mischen. Würzen. Marinieren.

3. Die Kartoffeln in der Schale weich kochen, schälen und mit der Gabel zerdrücken. Tofu, Sauerkraut, Sprossen, Zwiebeln und Kräuter mit den Kartoffeln vermengen. Würzen.

4. Den Teig 5 mm dünn ausrollen, Rondellen von 12 cm Durchmesser ausstechen. Auf jede Rondelle einen Esslöffel der Füllung geben. Den Teigrand mit dem aufgeschlagenen Eiweiß anstreichen. Krapfen zusammenklappen und den Rand gut andrücken. Im Butterschmalz beidseitig je 5 bis 8 Minuten langsam braten.

5. Krapfen auf der bunten Gerste anrichten.

Sauerkrautrisotto mit Ratatouille und Tempeh

Risotto

- *1 EL Olivenöl*
- *1 kleine Zwiebel, fein gehackt*
- *1 Knoblauchzehe, fein gehackt*
- *100 g Champignons, grob gehackt*
- *200 g Risotto-Naturreis*
- *ca. 30 Safranfäden*
- *100 ml/1 dl Weißwein*
- *200 ml/2 dl Sauerkrautsaft*
- *500–600 ml/5–6 dl heiße Gemüsebrühe*
- *300 g Sauerkraut «Das Traditionelle», Seite 52*
- *40 g geriebener Bergkäse*
- *30 g Butterflocken*

- *1 EL Olivenöl*
- *150 g geräucherter Tempeh, gewürfelt*
- *Tamari*

Ratatouille

- *1 EL Olivenöl*
- *1 kleine Zwiebel, fein gehackt*
- *je 100 g Zucchini, bunter Gemüsepaprika und Auberginen*
- *150 g Tomaten, Stielansatz entfernt, gewürfelt oder gehackt*
- *Kräutermeersalz, weißer Pfeffer*

1. Für den Risotto Zwiebeln, Knoblauch und Champignons im Olivenöl anschwitzen. Den Reis und die Safranfäden dazugeben und mitanschwitzen, ablöschen mit dem Weißwein und dem Sauerkrautsaft. Nach und nach die heiße Gemüsebrühe dazugeben, immer wieder einkochen lassen. Wenn der Reis al dente ist, das Sauerkraut untermischen.

2. Für die Ratatouille Zucchini, Gemüsepaprika und Auberginen würfeln. Das Gemüse zusammen mit den Zwiebeln im Olivenöl anschwitzen. Die Tomaten dazugeben, kurz köcheln lassen. Würzen.

3. Tempeh im Olivenöl anbraten, mit Tamari abschmecken.

4. Ratatouille und Tempeh unter den Safranrisotto mischen. Mit dem Bergkäse und den Butterflocken verfeinern. Nach Belieben mit Salz und Pfeffer nachwürzen.

Farfalle mit Sauerkraut und Räuchertofu

- *1 Portion Sauerkraut «Das Bunte», Seite 51*
- *320 g Farfalle/Schmetterlingsnudeln*

- *1 EL Butterschmalz/Bratbutter*
- *200 g Räuchertofu, klein gewürfelt*
- *Kräutermeersalz*
- *weißer Pfeffer aus der Mühle*
- *Tamari*
- *1 EL grob gehackte glattblättrige Petersilie*

1. Die Farfalle in reichlich Salzwasser al dente kochen.

2. Tofuwürfel im Butterschmalz anbraten. Würzen. Die Petersilie dazugeben.

3. Die Schmetterlingsnudeln und das Sauerkraut mischen. Abschmecken. Die Nudeln anrichten, den Tofu darüber streuen.

Sauerkrautpuffer mit Raita

Puffer

- *80 g Grünkernkörner*
- *200 ml/2 dl schwache Gemüsebrühe*
- *600 g mehlige Kartoffeln*
- *200 g Sauerkraut «Das Bündnerische», Seite 52*
- *1 Sträußchen Petersilie, fein gehackt*
- *Butterschmalz/Bratbutter, zum Braten*

Raita, Rezept Seite 24

1. Die Gemüsebrühe und den Grünkern aufkochen, auf der ausgeschalteten Wärmequelle zugedeckt 4 bis 5 Stunden quellen lassen. Nochmals aufkochen und zugedeckt auskühlen lassen. Die Körner grob hacken.

2. Die geschälten Kartoffeln mit dem Gemüsehobel zu Julienne reiben.

3. Kartoffeln, Sauerkraut, Grünkern und Petersilie mischen. Würzen. 8 bis 12 Puffer formen. Im Butterschmalz beidseitig langsam braten.

4. Raita separat servieren.

Orfelle mit Sauerkraut-füllung an Kümmelsauce

Orfelle

- *500 g mehlige Kartoffeln*
- *200 g feiner Hartweizengrieß (Dunst)*
- *2 Eigelb von Freilandeiern*
- *50 g gut abgetropfter Vollmilchquark*
- *50 g zimmerwarme Butter*
- *Meersalz*
- *Pfeffer aus der Mühle*
- *geriebene Muskatnuss*

Füllung für Orfelle

- *10 g Butterschmalz/Bratbutter*
- *1/2 Knoblauchzehe*
- *50 g Zwiebeln, fein gehackt*
- *edelsüßes Paprikapulver*
- *200 g rohes Sauerkraut*
- *ca. 200 ml/2 dl Gemüsebrühe*
- *1 kleine Kartoffel (60 g)*
- *Kräutermeersalz*
- *weißer Pfeffer aus der Mühle*
- *20 g Haferschrot*
- *40 g Greyerzer Käse, klein gewürfelt*

- *4 EL geschlagene Sahne/Rahm*

Kümmelsauce, Rezept Seite 77

1. Für die Orfelle die Kartoffeln schälen und würfeln. Im Dampf weich garen, durch ein Passetout/Passevite drehen. Die Kartoffeln wenig abkühlen lassen, mit den restlichen Zutaten mischen.

2. Für die Füllung durchgepressten Knoblauch und Zwiebeln in der Butter anschwitzen, mit Paprika bestäuben. Das Sauerkraut beigeben, mit der Gemüsebrühe ablöschen. Aufkochen und auf kleinem Feuer 30 Minuten kochen lassen. Kartoffel schälen und mit der Bircher-Rohkostreibe zum Sauerkraut reiben. Kochen lassen, bis das Kraut bindet, dann würzen und abkühlen lassen. Das Kraut grob hacken, den Haferschrot untermischen und 30 Minuten quellen lassen. Die Käsewürfelchen darunter mischen,

3. Den Kartoffelteig auf feinem Hartweizengrieß (Dunst) 2 mm dick ausrollen, Rondellen ausstechen. Auf die Hälfte der Rondellen je 1 gehäuften Teelöffel Füllung in die Mitte geben. Die zweite Rondelle darauf legen und gut andrücken.

4. Die Orfelle portionsweise in reichlich kochendem Salzwasser al dente kochen. Sobald sie an die Oberfläche steigen, mit einem Schaumlöffel herausnehmen und warm stellen.

5. Die Orfelle auf der Kümmelsauce anrichten. Mit dem restlichen Sauerkraut belegen, wenig Schlagsahne darauf geben, mit einer Prise Muskat bestäuben. Nach Belieben mit gedünstetem Gemüse garnieren.

Abbildung Seite 64, unten

Paprika-Sauerkraut mit Nudeln und Sellerie

Nudelteig

- *120 g feines Bio-Weißmehl*
- *80 g Buchweizenmehl*
- *100 g feiner Hartweizengrieß (Dunst)*
- *2–3 Freilandeier*
- *2–3 EL Wasser und kaltgepresstes Olivenöl*
- *1 TL Meersalz*

- *Butter*

Sauerkraut

- *½ Portion Sauerkraut «Das Pfiffige», Seite 55*
- *80 g saure Sahne/Sauerrahm*
- *1 EL Rosenpaprikapulver*
- *20 g Butter*

Gebackener Sellerie

- *200 g Knollensellerie*
- *Fritieröl*

1. Für die Nudeln sämtliche Zutaten zu einem elastischen Teig kneten. An einem kühlen Ort zugedeckt 1 Stunde ruhen lassen.

2. Den Sellerie schälen und in sehr dünne Scheiben schneiden oder hobeln. Im Fritieröl goldgelb backen.

3. Das Sauerkraut und die saure Sahne aufkochen. Mit dem Rosenpaprika würzen. Mit der Butter verfeinern. Warm stellen.

4. Für die Nudeln den Teig sehr dünn ausrollen. Mit einem Teigrädchen 2 cm breite und 15 bis 20 cm lange Nudeln schneiden. Die Nudeln in reichlich Salzwasser al dente kochen, in etwas Butter schwenken.

5. Die Nudeln in tiefen Tellern anrichten. Das Sauerkraut in die Mitte geben. Mit dem Sellerie garnieren.

Abbildung:
oben: Paprika-Sauerkraut mit Nudeln und Sellerie
unten: Orfelle mit Sauerkrautfüllung an Kümmelsauce (63)

Gnocchi nach Pariser Art im Krautbeet

- *1/2 Portion Sauerkraut «Das Bunte», Seite 51*
- *50 g geriebener Parmesan*

Béchamelsauce

- *20 g Butter*
- *2 EL Mehl*
- *1/2 l Milch*
- *Kräutermeersalz*
- *geriebene Muskatnuss*
- *Pfeffer aus der Mühle*
- *2 EL Sahne/Rahm*

Brandteig für Gnocchi

- *250 ml/2,5 dl Milch*
- *50 g Butter*
- *1 TL Meersalz*
- *geriebene Muskatnuss*
- *150 g Bio-Weißmehl*
- *4 Freilandeier*

1. Für die Béchamelsauce das Mehl unter die warme Butter rühren. Die Milch dazugeben und unter ständigem Rühren aufkochen, auf kleinem Feuer 15 Minuten kochen lassen. Würzen. Die Sahne darunter rühren.

2. Für den Brandteig Milch, Butter und Gewürze aufkochen. Das Mehl dazugeben, kräftig rühren, bis sich der Teig vom Topfboden löst. Den Teig etwas auskühlen lassen, dann die Eier einzeln darunter arbeiten.

3. Reichlich Salzwasser zum Kochen bringen. Den Brandteig in einen Spritzsack mit breiter, glatter Tülle füllen. In das kochende Wasser 1 cm lange Klößchen spritzen. Die Gnocchi an die Oberfläche steigen lassen, mit einem Schaumlöffel herausnehmen.

4. Ofen auf 220 Grad vorheizen.

5. Das Sauerkraut in eine gebutterte Gratinform füllen. Die Gnocchi nicht zu dicht nebeneinander – sie gehen ziemlich auf – auf das Sauerkraut legen. Mit der Béchamelsauce übergießen und dem Parmesan bestreuen. Auf mittlerem Einschub rund 15 Minuten backen.

Feuriger Kartoffel-Sauerrüben-Eintopf

- *600 g festkochende kleine Kartoffeln*
- *600 g Zwiebeln, grob gehackt*
- *50 ml/0,5 dl kräftiger Rotwein*
- *Rosenpaprika nach Belieben*
- *wenig Chilipulver*
- *400 g rohe Sauerrüben*
- *2 l Gemüsebrühe*
- *2 EL Balsamessig*

Gulaschgewürz

- *10 Blättchen Majoran*
- *Zesten einer halben unbehandelten Zitrone*
- *20 Kümmelsamen*
- *2 Knoblauchzehen, durchgepresst*
- *Kräutermeersalz*
- *weißer Pfeffer aus der Mühle*

Gemüsestreifen

- *200 g gemischtes Gemüse, z. B. Möhren/Karotten, Pfälzer/gelbe Rüben, Knollensellerie*
- *Butter*
- *Kräutermeersalz/Pfeffer*

- *1 EL Butterschmalz/Bratbutter*
- *300 g Seitan*

- *200 g saure Sahne/Sauerrahm*

1. Die Kartoffeln schälen und je nach Größe halbieren oder vierteln.

2. Die Zwiebeln im Rotwein dünsten. Sobald die Flüssigkeit verdunstet ist, Rosenpaprika und Chili darüber stäuben und unter ständigem Rühren kurz rösten, damit sich das Gewürzaroma entfalten kann. Die Kartoffeln und die Sauerrüben dazugeben, mit der Gemüsebrühe auffüllen, aufkochen und auf kleinem Feuer kochen lassen, bis die Kartoffeln gar sind.

3. Vom Gemüse mit dem Sparschäler/Kartoffelschäler Streifen abziehen. In der Butter knackig dünsten. Würzen.

4. Den Seitan im Butterschmalz knusprig braten.

5. Den Eintopf mit dem Gulaschgewürz würzen. Den Seitan darunter mischen. Anrichten. Mit den Gemüsestreifen garnieren. Die saure Sahne separat servieren.

Tipp: Für dieses Gericht eignen sich auch Frühkartoffeln.

Hafer-Sauerrüben-Medaillons auf Paprikasauce

Hafermedaillons

- *400 ml/4 dl schwache Gemüsebrühe*
- *200 g Haferkörner*

- *400 g rohe Sauerrüben*
- *wenig Gemüsebrühe*
- *2 EL Vollmilchquark*
- *2 EL gehackte Kräuter*

- *200 g Möhren/Karotten, in dünnen Streifen oder Stäbchen*
- *wenig Gemüsebrühe*

- *1 EL Butterschmalz/Bratbutter*
- *200 g Shiitake-Pilze*
- *wenig Tamari*
- *Kräutermeersalz*
- *weißer Pfeffer*

Paprikasauce

- *siehe Rezept Cannelloni auf Paprikasauce, Seite 72, jedoch ohne Liebstöckel*

1. Die Gemüsebrühe und den Hafer aufkochen, 2 bis 3 Minuten sprudelnd kochen, dann auf der ausgeschalteten Wärmequelle zugedeckt 3 bis 4 Stunden quellen lassen (kann am Vorabend gemacht werden). Den Hafer noch einmal aufkochen, bis er richtig aufgequollen ist. Abkühlen lassen.

2. Die Sauerrüben in wenig Gemüsebrühe kurz garen.

3. Die Möhren in wenig Gemüsebrühe knackig kochen.

4. Shiitake-Pilze im Butterschmalz kurz braten. Würzen.

5. Hafer, ein Drittel der Sauerrüben – den Rest zu den Möhren geben –, Quark und gehackte Kräuter mischen. Würzen. Im Butterschmalz 8 runde Haferplätzchen braten.

6. Auf jeden Teller ein Haferplätzchen legen, einen Teil des Gemüses darauf geben, mit dem zweiten Haferplätzchen decken. Das restliche Gemüse und die Pilze anrichten. Mit der Paprikasauce umgießen.

Tofu-Spiesschen auf buntem Sauerkraut

Spießchen

- *300 g geräucherter Tofu*
- *200 g Möhren/Karotten*
- *200 g Pfälzer/gelbe Rüben*
- *200 g Zucchini*
- *8 Cherrytomaten*
- *8 kleine Champignons*
- *Tamari*
- *Kräutermeersalz*
- *weißer Pfeffer aus der Mühle*

- *Butterschmalz/Bratbutter*

Buntes Sauerkraut

- *1 EL Butterschmalz/Bratbutter*
- *50 g Zwiebeln, fein gehackt*
- *200 g bunte Gemüsewürfelchen (Reste der Spießchen)*
- *200 g rohes Sauerkraut*
- *200–300 ml/2–3 dl Gemüsebrühe*
- *80 g saure Sahne/Sauerrahm*
- *1 Sträußchen glattblättrige Petersilie, fein gehackt*
- *Kräutermeersalz*
- *weißer Pfeffer aus der Mühle*

1. Den Tofu in 20 gleich große Würfel schneiden.

2. Von den Möhren, Pfälzerrüben und Zucchini mit dem Spar-/Kartoffelschäler 20 lange Streifen abziehen. Die Tofuwürfel mit den Gemüsestreifen umwickeln.

3. Tofuwürfel, Tomaten und Champignons auf Spießchen reihen. Mit Tamari, Kräutersalz und Pfeffer würzen.

4. Die Zwiebeln in der Butter glasig anschwitzen. Die Gemüsewürfelchen – ohne die Zucchini – und das Sauerkraut zu den Zwiebeln geben und kurz mitanschwitzen. Mit der Gemüsebrühe ablöschen, aufkochen und etwa 30 Minuten auf kleinem Feuer köcheln lassen. Das Gemüse und das Sauerkraut sollen noch leichten Biss haben. Zucchiniwürfelchen, saure Sahne und Petersilie untermischen. Würzen.

5. Die Spießchen im Butterschmalz langsam braten. Zusammen mit dem Kraut anrichten.

Cannelloni auf Paprikasauce

- *300 g rohes Sauerkraut*
- *100 g Möhren/Karotten und Knollensellerie, klein gewürfelt*
- *80 g Rollgerste*
- *70 ml/0,7 dl Weißwein*
- *100 ml/1 dl Gemüsebrühe*

- *1 EL Olivenöl*
- *300 g Shiitake-Pilze, in Streifen*
- *1 Knoblauchzehe*
- *Kräutermeersalz, Pfeffer*
- *Paprikapulver*
- *30 ml/0,3 dl Weißwein*

- *80 g geriebener Parmesan*
- *12 gekochte Lasagneblätter*
- *100 g/1 dl Sahne/Rahm*

Paprikasauce

- *1 roter Gemüsepaprika/Peperoni*
- *2 Schalotten, fein gehackt*
- *1 Knoblauchzehe, fein gehackt*
- *400 ml/4 dl Gemüsebrühe*
- *1 TL Rosenpaprikapulver*
- *1 TL Hirseflocken*
- *Kräutermeersalz*
- *getrockneter Majoran*
- *1 Bund Liebstöckel, fein geschnitten*
- *1 Schuss Balsamessig*

1. Sauerkraut, Gemüsewürfelchen, Rollgerste, Weißwein und Gemüsebrühe aufkochen, 30 Minuten zugedeckt auf kleinem Feuer kochen lassen.

2. Die Shiitake-Pilze und den durchgepressten Knoblauch im Olivenöl anschwitzen. Würzen. Mit dem Weißwein ablöschen. Einige Minuten köcheln lassen. Mit dem Sauerkraut mischen.

3. Für die Sauce Gemüsepaprika halbieren, Stielansatz und Kerne entfernen. Die Fruchthälften in feine Streifen schneiden. Schalotten und Knoblauch mit einem Esslöffel Gemüsebrühe andämpfen. Den Gemüsepaprika und die Gewürze dazugeben und kurze Zeit weiterdämpfen. Mit der Gemüsebrühe auffüllen, aufkochen und 10 Minuten auf kleinem Feuer kochen lassen. Die Sauce pürieren. Mit dem Liebstöckel und dem Balsamessig abschmecken.

4. Auf ein Kuchenblech wenig Parmesan streuen, die gekochten Lasagneblätter darauflegen. Die Sauerkrautfüllung auf die Teigblätter verteilen, einrollen.

5. Ofen auf 220 Grad vorheizen.

6. Die Paprikasauce in eine gebutterte Gratinform füllen, die Cannelloni hinein legen. Mit der steif geschlagenen Sahne decken. Den restlichen Parmesan darüber streuen. Auf mittlerem Einschub 20 Minuten backen.

Chilikraut mit Seitan

- *80 g Kichererbsen*

- *1 EL Butterschmalz/Bratbutter*
- *200 g Seitan, in Streifen*

- *wenig Butterschmalz/Bratbutter*
- *200 g Zwiebeln, fein gehackt*
- *1 roter Gemüsepaprika/Peperoni, halbiert, entkernt, in Streifen*
- *1 Pfeffer-/Chilischote, halbiert, entkernt, in Streifen*
- *500 g rohes Sauerkraut*
- *Paprikapulver*
- *100 ml/1 dl Rotwein*
- *400 ml/4 dl Gemüsebrühe*
- *Kräuter-Gewürzmischung: Majoran, glattblättrige Petersilie, Thymian, einige Orangenzesten, 1 Knoblauchzehe, wenig frischer Ingwer, einige Fenchelsamen*
- *Tamari*
- *100 g saure Sahne/Sauerrahm*

1. Die Kichererbsen über Nacht in kaltem Wasser einlegen. Das Wasser weggießen und die Erbsen in einem Liter ungesalzenem Wasser etwa 60 Minuten garen.

2. Den Seitan in einer nicht klebenden Pfanne im Butterschmalz braten. In einen Teller geben und zur Seite stellen.

3. In der Seitanpfanne die Zwiebeln in wenig Butterschmalz glasig anschwitzen. Den Gemüsepaprika und die Pfefferschoten dazugeben und kurze Zeit mitanschwitzen. Das Sauerkraut dazugeben, mit Paprika bestäuben und dem Rotwein ablöschen. Einige Minuten köcheln lassen, dann mit der Gemüsebrühe auffüllen, aufkochen und 30 Minuten köcheln lassen. Würzen.

4. Die Kichererbsen und die Kräuter-Gewürzmischung unter das Kraut rühren. Mit Tamari abschmecken. Den Seitan dazugeben, mit der sauren Sahne binden.

Tipp: Mit Kartoffelpüree servieren.

Sauerkrautfondue mit Kartoffeln und Birnen

- *400 g gut reifer Greyerzer Käse*
- *400 g Freiburger Vacherin-Käse aus Rohmilch*
- *100 g rohes Sauerkraut, gut ausgedrückt und gehackt*
- *250 ml/2,5 dl trockener Weißwein*
- *100 ml/1 dl Sauerkrautsaft*
- *4 Schalotten, gehackt*
- *Kümmelsamen*
- *Paprikapulver*
- *1 Knoblauchzehe*

- *2 EL Maisstärke*
- *50 ml/0,5 trockener Weißwein*

- *1 kg kleine Kartoffeln*
- *500 g reife Birnen*

1. Greyerzer und Freiburger Vacherin mit dem Gemüsehobel/der Röstiraffel raspeln.

2. Käse, Sauerkraut, Weißwein, Sauerkrautsaft und Schalotten mischen. Mindestens 4 Stunden marinieren.

3. Kartoffeln schälen und im Dampf garen.

4. Die Birnen schälen, vierteln und entkernen, in mundgerechte Stücke schneiden.

5. Die Käsemischung in einer Fonduepfanne unter ständigem Rühren erhitzen. Die im Weißwein aufgelöste Maisstärke dazugeben, köcheln lassen, bis das Fondue bindet. Die Pfanne auf das Fonduerechaud stellen, immer wieder rühren.

6. Die Kartoffeln halbieren und in vorgewärmten Suppentellern anrichten. Einen Schöpflöffel Fondue dazugeben. Kartoffeln mit den Birnen abwechseln.

Tipp: Mit Sauerkraut und Kartoffeln ist das Fondue bekömmlicher und leichter verdaulich.

Kartoffel-Krautwurst mit Kümmelsauce

Kartoffel-Krautwurst

- *800 g Kartoffeln*
- *1 Portion Sauerkraut «Das Traditionelle», Seite 52; 20 Minuten gekocht*
- *1 EL Butterschmalz/Bratbutter*
- *100 g Zwiebeln, gehackt*
- *3 Knoblauchzehen*
- *1 Sträußchen frischer Majoran*
- *Kräutermeersalz*
- *weißer Pfeffer aus der Mühle*
- *100 g geräucherter Tempeh, klein gewürfelt*

- *1 Schweinedarm vom Metzger*
- *50 g Butterschmalz/Bratbutter (in der Steiermark wird Schweineschmalz verwendet)*

Kümmelsauce

- *1 EL Butterschmalz/Bratbutter*
- *1 kleine Schalotte, fein gehackt*
- *50 ml/0,5 dl trockener Weißwein*
- *1 TL Kümmelsamen*
- *200 ml/2 dl brauner Kalbsfond, Seite 101*
- *Kräutermeersalz*
- *Pfeffer aus der Mühle*

1. Den Schweinedarm in kaltem Wasser gut wässern.

2. Die geschälten Kartoffeln mit dem Gemüsehobel/der Röstiraffel oder mit einem anderen nicht zu feinen Hobel raspeln und sofort salzen.

3. Das Sauerkraut grob hacken.

4. Die Zwiebeln und den durchgepressten Knoblauch in der Butter kurz anschwitzen. Majoran, Sauerkraut und Kartoffeln dazugeben, gut mischen und durchkneten. Mit Kräutersalz und Pfeffer würzen. Zum Schluss den Tempeh untermischen.

5. Den Darm über einen Trichter (im Fachhandel gibt es spezielle Trichter) stülpen und nach und nach mit der Masse füllen. Die Wurst darf nicht zu satt gefüllt werden, da sie platzen kann. Mit Küchengarn abbinden. Nun die Würste 20 bis 25 Minuten in schwach kochendem Wasser garziehen lassen. Die Würste trocknen und im Butterschmalz braten.

6. Für die Sauce die Schalotten in der Butter glasig anschwitzen. Mit dem Weißwein ablöschen, Kümmel beigeben und wenig einreduzieren. Mit dem Kalbsfond auffüllen, so lange köcheln lassen, bis die Sauce leicht bindet. Passieren und abschmecken.

Zum Rezept: Das pfiffige Würstchen – auch für Liebhaber der vegetarischen Küche! In Österreich verwendet man anstelle des Tempeh 100 g Grammeln (ausgelassenes Schweinefett).

Wirsingwickel mit Sauerrüben-Reis-Füllung

- *1 Wirsing/Wirz*

Füllung

- *80 g Rundkorn-Naturreis*
- *250 ml/2,5 dl schwache Gemüsebrühe*
- *200 g rohe Sauerrüben, gut ausgedrückt*
- *100 g feine Gemüsestreifen*
- *1 EL Vollmilchquark*
- *20 g Vollkornbrotwürfelchen*
- *Kräutermeersalz*
- *Tamari*

- *Gemüsebrühe für die Form*

1. Den Reis und die Gemüsebrühe aufkochen, 2 Minuten sprudelnd kochen lassen, dann auf der ausgeschalteten Wärmequelle zugedeckt mindestens 30 Minuten quellen lassen. Die restlichen Zutaten darunter rühren. Würzen.

2. Den Wirsing putzen, das heißt die äußeren Blätter entfernen. Die Blätter einzeln ablösen und die kräftigen Blattrippen flach schneiden, ohne das Blatt zu verletzen. Die Wirsingblätter im Dampf kurz garen. Mit kaltem Wasser abschrecken und auf ein Tuch legen, mit einem zweiten Tuch decken und trocken klopfen. Die Blätter vor dem Einwickeln mit Kräutersalz würzen.

3. Den Ofen auf 180 Grad vorheizen.

4. Die Reisfüllung auf die Wirsingblätter verteilen, einrollen und in eine gebutterte Gratinform legen, leicht würzen. Wenig heiße Gemüsebrühe in die Form gießen. Auf mittlerem Einschub rund 30 Minuten schmoren. Die Wickel leicht Farbe annehmen lassen, damit der Wirsing seinen typischen Geschmack entfalten kann.

Schupfnudeln mit Sauerrüben und Champignons

Sauerrüben

- *1 EL Butterschmalz/Bratbutter*
- *50 g Zwiebeln, fein gehackt*
- *500 g rohe Sauerrüben, gut abgetropft*
- *1 Speckschwarte*
- *200 ml/2 dl Gemüsebrühe*
- *100 ml/1 dl Apfelsaft naturtrüb*
- *Kräutermeersalz*
- *weißer Pfeffer aus der Mühle*

Schupfnudeln

- *500 g mehlige Kartoffeln*
- *200 g Bio-Weißmehl*
- *2 Eigelb von Freilandeiern*
- *50 g gut abgetropfter Vollmilchquark*
- *50 g feiner Hartweizengrieß (Dunst)*
- *50 g Butter*
- *Meersalz*
- *Pfeffer aus der Mühle*
- *geriebene Muskatnuss*

- *400 g Feldchampignons*
- *1 EL Butterschmalz/Bratbutter*

1. Die Zwiebeln im Butterschmalz anschwitzen. Die Sauerrüben und die Speckschwarte dazugeben und mitanschwitzen, mit der Gemüsebrühe ablöschen, aufkochen und auf kleinem Feuer zugedeckt 1 Stunde kochen lassen. Den Apfelsaft dazugeben, aufkochen und abschmecken.

2. Die Kartoffeln schälen und in Würfel schneiden, im Dampf garen. Kartoffeln durch ein Passetout/Passevite drehen und mit den übrigen Zutaten mischen. Würzen.

3. Vom Kartoffelteig walnuss-/baumnussgroße Portionen abstechen, im Mehl wenden und zwischen den Handflächen spindelförmig drehen. Die fertigen Schupfnudeln nebeneinander auf die bemehlte Arbeitsfläche legen.

4. In einem großen Topf reichlich Salzwasser aufkochen. Die Schupfnudeln portionsweise hineingeben und nach dem Aufsteigen auf kleinem Feuer etwa 2 Minuten ziehen lassen. Mit einem Schaumlöffel herausnehmen und unter kaltem Wasser abschrecken.

5. Die in Scheiben geschnittenen Champignons in einer nicht klebenden Bratpfanne anbraten. Die Sauerrüben dazugeben und mitbraten, bis das Ganze ein wenig Farbe angenommen hat. Vor dem Servieren die Schupfnudeln untermischen, erhitzen und würzen.

Artischocken mit Sauerkrautfüllung und gebratenem Fisch

Fischstreifen

- *400 g Welsfilets*
- *Kräutermeersalz*
- *weißer Pfeffer aus der Mühle*
- *1 Freilandei*
- *Mehl*
- *Semmelbrösel/Paniermehl*
- *Butterschmalz/Bratbutter oder neutrales Öl, zum Braten*

- *4 Artischocken*
- *1/2 Portion Sauerkraut «Das Fruchtige» (mit Äpfeln), Seite 54*

Meerrettichsauce

- *200 ml/2 dl Fischsauce, Seite 83*
- *frisch geriebener Meerrettich*
- *2 EL geschlagene Sahne/Rahm*

1. Bei den Artischocken den Stiel abbrechen, die Bodenblätter entfernen. Die Blattspitzen auf einen Drittel kürzen (mit der Schere). Die Blätter rund um den Blütenboden mit einem Messer entfernen, bis das Heu sichtbar wird. Das Heu mit einem Löffel entfernen. Die Artischocken im Zitronenwasser weich kochen.

2. Die Fischfilets in 2 bis 3 cm dicke Streifen schneiden, würzen. Zuerst im Mehl, dann im verquirlten Ei und zuletzt in den Semmelbröseln drehen. Die Fischstreifen in der Butter braten.

3. Mit der Sauce auf vorgewärmten Tellern einen Spiegel machen. Die Artischockenböden darauf setzen und mit dem Sauerkraut füllen. Die Fischstreifen anrichten.

Gebratene Bachforelle auf Senf-Sauerrüben

- *8 Forellenfilets mit Haut, ca. 600 g*
- *wenig Zitronensaft*
- *Kräutermeersalz*
- *1 EL Butterschmalz/Bratbutter*

- *1 Sträußchen Dill, fein gehackt*

Sauerrüben

- *1 TL Butterschmalz/Bratbutter*
- *500 g rohe Sauerrüben, gut ausgedrückt*
- *100 g Lauch, in feinen Streifen*
- *400 g Kartoffeln, gewürfelt*
- *400 ml/4 dl Gemüsebrühe*

- *60 g saure Sahne/Sauerrahm*
- *1 EL grobkörniger Senf*
- *Kräutermeersalz*
- *Pfeffer aus der Mühle*
- *Honig*
- *1 Sträußchen Dill, fein gehackt*

1. Die Sauerrüben in einem nicht klebenden Kochtopf im Butterschmalz anschwitzen, bis sie etwas Farbe annehmen. Den Lauch dazugeben und kurze Zeit mitanschwitzen. Die Kartoffeln und die Gemüsebrühe dazugeben, aufkochen und auf kleinem Feuer etwa 30 Minuten kochen lassen. Den Topfinhalt in ein Sieb geben, dabei die Flüssigkeit auffangen.

2. Sauerrübenflüssigkeit auf 100 ml/1 dl einreduzieren. Saure Sahne, Senf, Senfsprossen und Sauerrüben dazugeben, erhitzen. Mit Kräutersalz, Pfeffer und wenig Honig abschmecken. Den gehackten Dill darunter rühren.

3. Die Forellenfilets mit wenig Zitronensaft kurz marinieren. Würzen. Filets im Butterschmalz beidseitig braten. Die Haut nach Belieben entfernen.

4. Die Sauerrüben auf vorgewärmten Tellern anrichten. Die Forellenfilets darauflegen. Mit dem Dill garnieren.

Tipp: Der Saft von Sauerrüben und Sauerkraut eignet sich ausgezeichnet zum Ansetzen von Brotsauerteig.

Zanderfilet auf Champagnerkraut

- *1 Portion Sauerkraut «Das Edle», Seite 48*
- *je 100 g Möhren/Karotten, Lauch, Pfälzer/gelbe Rüben, Knollensellerie*
- *100 ml/1 dl Gemüsebrühe*

- *400 g Zanderfilets*
- *Kräutermeersalz*
- *weißer Pfeffer aus der Mühle*
- *1 EL Butterschmalz/Bratbutter*
- *Kerbel für die Garnitur*

Fischsauce

- *100 ml/1 dl Weißwein*
- *50 g Schalotten, fein gehackt*
- *Dill*
- *Estragon*
- *3 zerdrückte Pfefferkörner*
- *½ l Kalbsfond, Seite 101*
- *100 ml/1 dl Fischfond, Seite 101*
- *1 EL Zitronensaft*
- *150 g eiskalte Butterwürfelchen*

- *2 EL geschlagene Sahne/Rahm*

1. Für die Sauce den Weißwein zusammen mit den Schalotten und den Gewürzen vollständig einreduzieren. Immer wieder 50 ml/0,5 dl Kalbsfond dazugeben und einreduzieren, bis man 100 ml/1 dl Sauce hat. Den Fischfond dazugeben und abermals auf 100 ml/1 dl einreduzieren. Den Zitronensaft dazugeben. Die Sauce durch ein Spitzsieb passieren. Die eiskalten Butterwürfelchen mit dem Stabmixer darunter rühren. Sauce mit Salz und Pfeffer abschmecken. Die Sauce kurz vor dem Servieren erwärmen und die geschlagene Sahne darunter ziehen.

2. Das Gemüse putzen und in feine Streifen schneiden, in der Gemüsebrühe knackig garen.

3. Zanderfilets würzen und im Butterschmalz beidseitig kurz braten.

4. Das Sauerkraut auf vorgewärmten Tellern anrichten. Zanderfilets darauf legen. Mit der Sauce überziehen und den Gemüsestreifen und dem Kerbel garnieren.

Serviervorschlag: Mit Petersilien-Kartoffeln servieren.

Gefüllte Seezungen-Röllchen mit Gemüse

- *6 Seezungenfilets, je 60 g*

Füllung

- *100 ml/1 dl Rote-Bete-/ Randensaft*
- *1 EL Apfelsaft*
- *60 g Quinoa*
- *200 g rohes Sauerkraut*
- *1 kleine Zwiebel, fein gehackt*
- *Pfeffer aus der Mühle*
- *Kräutermeersalz*
- *1 EL gehackte Kräuter*

- *Gemüse, Seite 67*

Rote-Bete-Sauce

- *1 Portion Fischsauce, Seite 83*
- *wenig Rote-Bete-/Randensaft*

1. Die Seezungenfilets mit der hautlosen Seite nach unten sorgfältig klopfen, mit den Kräutern bestreuen und kühl stellen.

2. Rote-Bete- und Apfelsaft, Quinoa, Sauerkraut und Zwiebeln aufkochen, auf kleinem Feuer etwa 30 Minuten kochen lassen. Würzen. Die gehackten Kräuter untermischen. Auskühlen lassen.

3. Die Sauerkrautmasse auf die Seezungenfilets verteilen. Wichtig ist, dass die weiße Seite außen zu liegen kommt. Die Filets einrollen, mit Küchengarn nicht zu satt binden, da sich der Fisch beim Pochieren ausdehnt.

4. Fischröllchen auf einen Dampfeinsatz legen und bei kleiner Hitze 12 bis 15 Minuten dämpfen.

5. Die Fischsauce zusammen mit wenig Rote-Bete-Saft erwärmen. Auf vorgewärmten Tellern einen Spiegel machen. Die Fischröllchen halbieren und zusammen mit dem Gemüse auf der Sauce anrichten.

Pfannkuchen mit Sauerkraut-Forellen-Füllung auf Wacholdersauce

- *1 Portion Pfannkuchenteig, Seite 56; Buchweizen durch Dinkel- oder Weizenmehl ersetzen*

Füllung

- *4 geräucherte Forellenfilets, ca. 300 g*
- *wenig frisch geriebener Meerrettich*
- *100 g Crème double/Doppelrahm*
- *1/2 Portion Sauerkraut «Das Edle», Seite 48*

Wacholdersauce

- *1 Rezeptmenge Fischsauce, Seite 83*
- *1 TL gehackte Wacholderbeeren*
- *2 EL geschlagene Sahne/Rahm*

1. Die Hälfte der Forellenfilets in kleine Stücke schneiden, den Rest mit einer Gabel zerdrücken und mit dem Meerrettich und der Crème double zu einer Paste vermengen.

2. Aus dem Teig 8 Pfannkuchen braten.

3. Ofen auf 220 Grad vorheizen.

4. Forellentatar auf die Pfannkuchen streichen. Das aufgewärmte Sauerkraut so darauf verteilen, dass es nach dem Aufrollen der Pfannkuchen beidseitig herausschaut. Im Ofen nochmals erwärmen.

5. Kurz vor dem Servieren die gehackten Wacholderbeeren und die geschlagene Sahne unter die heiße Sauce ziehen.

6. Mit der Wacholdersauce auf vorgewärmten Tellern einen Spiegel machen. Die Pfannkuchen darauf legen.

Geflügelroulade auf Pilzsauerkraut mit Kartoffelküchlein

- *4 Freiland-Hähnchen-/Pouletbrüstchen mit Haut, je 180 g*
- *100 g Mozzarella*
- *4 Basilikumblätter*
- *4 Scheiben Rohschinken*
- *Kräutermeersalz, weißer Pfeffer*

Sauce

- *1 EL Butterschmalz/Bratbutter*
- *1 Schalotte, fein gehackt*
- *50 ml/0,5 dl Weißwein*
- *1 Thymianzweig*
- *1 Lorbeerblatt*
- *200 ml/2 dl Kalbsfond, Seite 101*
- *Balsamessig*

Pilzsauerkraut

- *1 EL Butterschmalz/Bratbutter*
- *50 g Zwiebeln, fein gehackt*
- *200 g rohes Sauerkraut*
- *50 ml/0,5 dl trockener Weißwein*
- *100 ml/1 dl Gemüsebrühe*

- *1 EL Butterschmalz/Bratbutter*
- *200 g Saisonpilze, z.B. Pfifferlinge/Eierschwämme, Steinpilze*
- *1 gehäufter EL gehackte Kräuter*
- *Kräutermeersalz/weißer Pfeffer*

Kartoffelplätzchen

- *400 g mehlige Kartoffeln*
- *1 Sträußchen glattblättrige Petersilie, fein gehackt*
- *Kräutermeersalz*
- *weißer Pfeffer aus der Mühle*
- *Butterschmalz/Bratbutter*

1. Beim Fleisch die Haut sorgfältig lösen und entfernen, das Fleisch zwischen zwei Klarsichtfolien etwa 5 mm dick flach klopfen. Die Mozzarella in vier längliche Stücke schneiden und mit dem Basilikumblatt in den Rohschinken einwickeln. Das Fleisch auf der Innenseite würzen, den Rohschinken in die Mitte setzen, die Schmalseiten nach innen legen und einrollen. Mit der Haut umwickeln, damit die Roulade zusammenhält.

2. Für die Sauce die Schalotten im Butterschmalz farblos anschwitzen, mit dem Weißwein ablöschen. Thymianzweig und Lorbeerblatt dazugeben und kurz köcheln lassen. Mit dem Kalbfond auffüllen, aufkochen und auf kleinem Feuer köcheln lassen, bis die Sauce leicht bindet. Den Thymianzweig und das Lorbeerblatt entfernen. Die Sauce durch ein feines Sieb passieren, kurz vor dem Servieren erhitzen und mit dem Balsamessig abschmecken.

Fortsetzung und Abbildung auf der nächsten Doppelseite

3. Für das Pilzsauerkraut die Zwiebeln im Butterschmalz anschwitzen. Das Sauerkraut dazugeben, mit dem Weißwein und der Gemüsebrühe auffüllen, aufkochen und etwa 30 Minuten auf kleinem Feuer zugedeckt kochen lassen.

4. Die Hähnchenrouladen im Öl rundum anbraten. Im vorgeheizten Ofen bei 180 Grad 5 bis 6 Minuten fertig garen. Das Fleisch muss schön saftig bleiben.

5. Für die Kartoffelplätzchen die Kartoffeln mit dem Gemüsehobel nicht zu fein hobeln, gut ausdrücken und in einem Küchentuch trocknen. Die Petersilie untermischen, mit Salz und Pfeffer würzen. 4 oder 8 Küchlein formen. Im Butterschmalz beidseitig langsam braten.

6. Die Pilze putzen und eventuell in Scheiben schneiden, im heißen Butterschmalz anschwitzen. Würzen. Zusammen mit den Kräutern unter das Sauerkraut mischen. Abschmecken.

7. Die Hähnchenrouladen längs diagonal halbieren, auf vorgewärmten Tellern anrichten, mit der Sauce beträufeln. Die Kartoffelküchlein und das Sauerkraut anrichten.

Tipp: Das Pilzsauerkraut kann auch mit gebratener Kaninchenkeule/gebratenem Kaninchenschenkel kombiniert

Abbildung:
Geflügelroulade auf Pilzsauerkraut

Kalbfleischstreifen mit Kartoffel-Sauerkrautknödeln

Knödel

- *250 g mehlige Kartoffeln, gewürfelt*
- *100 g Bio-Weißmehl*
- *1 Eigelb von einem Freilandei*
- *25 g gut abgetropfter Vollmilchquark*
- *25 g feiner Hartweizengrieß (Dunst)*
- *25 g zimmerwarme Butter*
- *Meersalz*
- *Pfeffer aus der Mühle*
- *geriebene Muskatnuss*

- *Butterschmalz/Bratbutter*
- *30 g Brot, klein gewürfelt*
- *1/4 Portion (150 g) Sauerkraut «Das Traditionelle», Seite 51*

Sauce

- *1 EL Butterschmalz/Bratbutter*
- *1 Schalotte, fein gehackt*
- *40 g Champignons, gehackt*
- *100 ml/1 dl trockener Weißwein*
- *150 ml/1,5 dl Kalbsfond, Seite 101*
- *250 g/2,5 dl Sahne/Rahm*

Fortsetzung und Abbildung auf der nächsten Doppelseite

Fleisch

- *Butterschmalz/Bratbutter*
- *400 g Kalbsnuss oder -huft, in Streifen*
- *200 g Saisonpilze, geputzt, in Scheiben*
- *1 EL gehackte Kräuter*
- *Kräutermeersalz*
- *weißer Pfeffer aus der Mühle*
- *2 El geschlagene Sahne/Rahm*

Rezeptanfang auf der vorangehenden Seite

1. Die Kartoffeln im Dampf garen. Durch ein Passetout/Passevite drehen. Mehl, Eigelb, Quark, Weizengrieß und Butter dazugeben, von Hand gut mischen. Würzen.

2. Die Brotwürfelchen in wenig Butterschmalz rösten, unter das Sauerkraut mischen.

3. Den Knödelteig etwa 1 cm dick ausrollen. 8 Rondellen ausstechen. Das Sauerkraut auf die Rondellen verteilen und mit dem Teig gut umschließen. Die Knödel in reichlich Salzwasser auf kleinem Feuer 20 bis 25 Minuten ziehen lassen. Mit einem Schaumlöffel herausnehmen und warm stellen.

4. Für die Sauce Schalotten und Champignons im Butterschmalz anschwitzen, mit dem Weißwein ablöschen und einreduzieren. Kalbsfond dazugeben, aufkochen und auf die Hälfte einreduzieren. Die Sahne dazugeben, aufkochen und auf kleinem Feuer köcheln lassen, bis die Sauce leicht bindet. Pürieren.

5. Die Kalbfleischstreifen im heißen Butterschmalz rasch anbraten, herausnehmen und warm stellen. In der gleichen Pfanne die Pilze bei starker Hitze anschwitzen, mit der Sauce auffüllen, aufkochen und wenig einköcheln lassen. Das Kalbfleisch zu den Pilzen geben, aufkochen. Die geschlagene Sahne und die Kräuter darunter rühren.

6. Das Fleisch in vorgewärmten Tellern anrichten. Die Knödel darauflegen.

Lammschulter mit Senfkraut und Pizokel

- *500 g Lammschulter*
- *1 Möhre/Karotte*
- *1/4 Knollensellerie*
- *1 kleiner Lauch*
- *1 EL Butterschmalz/Bratbutter*
- *Meersalz*
- *Pfeffer aus der Mühle*
- *100 ml/1 dl Apfelwein*
- *250 g rohes Sauerkraut*
- *1 TL Senfkörner*
- *1 Lorbeerblatt*
- *300 ml/3 dl Gemüsebrühe*

- *100 g/1 dl Sahne/Rahm*
- *2 EL gehackte Kräuter, z. B. Liebstöckel, Bohnenkraut, Petersilie*

Pizokel

- *300 g Dinkelmehl*
- *ca. 100 ml/1 dl Milch*
- *3 Freilandeier*
- *Kräutermeersalz*
- *Pfeffer aus der Mühle*
- *30 g Lauch, klein gewürfelt (Brunoise)*

1. Für die Pizokel Mehl, Milch und Eier zu einem glatten Teig rühren. Würzen. Den Lauch dazugeben. 1 Stunde zugedeckt stehen lassen.

2. Die Lammschulter in etwa 50 g schwere Würfel schneiden.

3. Möhren und Knollensellerie in 5 mm große Würfelchen, den Lauch in Streifen schneiden.

4. Ofen auf 180 Grad vorheizen.

5. Das Lammfleisch in einem Schmortopf im Butterschmalz scharf anbraten. Würzen. Das Gemüse kurz mitbraten. Den Apfelwein löffelweise dazugeben und unter Rühren immer wieder verdunsten lassen. Sauerkraut, Senfkörner und Lorbeerblatt dazugeben. Mit der Gemüsebrühe ablöschen, aufkochen. Den Schmortopf auf mittlerem Einschub in den Ofen stellen, das Kraut zugedeckt 40 Minuten schmoren lassen.

6. Reichlich Salzwasser aufkochen. Vom Pizokelteig 3 cm lange Stücke direkt ins kochende Wasser schaben. Sobald die Pizokel an die Oberfläche steigen, mit einem Schaumlöffel herausnehmen.

7. Pizokel zum Lammragout geben. Mit der steif geschlagenen Sahne und mit den Kräutern verfeinern.

Variante: Die Pizokel mit einer Portion Sauerkraut «Das Fruchtige» (mit Orangen), Seite 51, mischen. Mit gebratenen Zwiebelringen garnieren.

Geflügelspiesschen auf sahnigem Sauerrüben-Kürbis-Gemüse

Sauerrüben-Kürbis-Gemüse

- *1 EL Butterschmalz/Bratbutter*
- *50 g Zwiebeln, fein gehackt*
- *300 g Sauerrüben, gut abgetropft*
- *1 Speckschwarte*
- *1 TL edelsüßes Paprikapulver*
- *einige Kümmelsamen*
- *200–300 ml/2–3 dl Gemüsebrühe*
- *300 g Kürbisfleisch, gehobelt*
- *100 ml/1 dl Apfelwein*
- *weißer Pfeffer aus der Mühle*
- *100 g/1 dl Sahne/Rahm*
- *Kräutermeersalz*

Spießchen

- *400 g Freiland-Hähnchen-/ Pouletbrust*
- *16 kleine Champignons, geputzt*
- *Kräutermeersalz*
- *weißer Pfeffer aus der Mühle*
- *neutrales Öl, zum Braten*

1. Die Zwiebeln im Butterschmalz glasig anschwitzen, die Sauerrüben und die Speckschwarte dazugeben, die Gewürze darüber streuen. Mit der Gemüsebrühe ablöschen, aufkochen und auf kleinem Feuer zugedeckt etwa 45 Minuten kochen lassen. Das Kürbisfleisch und den Apfelwein untermengen, weitere 20 Minuten leise köcheln lassen. Würzen. Kurz vor dem Servieren die geschlagene Sahne darunterziehen.

2. Das Hähnchenfleisch in 2 cm große Würfel schneiden. Mit den Champignons abwechslungsweise auf Spießchen reihen. Würzen. Im heißen Öl rundum braten.

3. Die Spießchen auf dem Sauerrüben-Kürbis-Gemüse anrichten.

Grosser Fleischvogel mit Gersten-Sauerkraut-Füllung

- *1 EL Butterschmalz/Bratbutter*
- *40 g gehackte Zwiebeln*
- *1 Knoblauchzehe*
- *120 g Gerstenkörner*
- *400 g rohes Sauerkraut, gehackt*
- *300 ml/3 dl Gemüsebrühe*

- *100 g dünne Lauchstangen*
- *100 g Möhren/Karotten*

- *900 g Schulterspitz von Natura-Beef*
- *grobkörniger Senf*
- *1 EL gehackte Kräuter, z. B. Petersilie, Majoran und Thymian*
- *Kräutermeersalz*
- *weißer Pfeffer aus der Mühle*

- *2 l Gemüsebrühe*

1. Zwiebeln und durchgepressten Knoblauch im Butterschmalz anschwitzen. Die Gerste und das Sauerkraut dazugeben. Mit der Gemüsebrühe ablöschen, aufkochen und zugedeckt auf kleinem Feuer köcheln lassen, bis die Gerste richtig aufgequollen ist, rund 45 Minuten.

2. Den Lauch 1- bis 2-mal quer und 1-mal längs halbieren. Die Möhren in Stäbchen schneiden. Beide Gemüse im Dampf 2 bis 3 Minuten garen.

3. Den Schulterspitz der Länge nach so halbieren, dass er noch zusammenhält. Eventuell die beiden Lappen einmal einschneiden und leicht klopfen, um ein gleichmäßiges Viereck von 2 bis 3 cm Dicke zu erhalten. Das Rinderfleisch auf der Innenseite mit dem grobkörnigen Senf einstreichen und mit den gehackten Kräutern bestreuen. Würzen. Die Sauerkrautmasse darauf verteilen. Den Lauch auf dem ersten Drittel, die Möhren auf der restlichen Fläche auslegen. Das Rinderfleisch einrollen, in ein Mull-/Passiertuch wickeln und mit Küchengarn binden.

4. Das Rinderfleisch zusammen mit der Gemüsebrühe aufkochen, auf kleinstem Feuer zugedeckt 2 Stunden pochieren. Das Fleisch aus dem Tuch nehmen und in Scheiben schneiden.

Serviervorschlag: Mit buntem Suppengemüse servieren.

Schäufele mit Sauerrüben gefüllt im Brotteig

- *1500 g gepökelte und geräucherte Schweineschulter/Schüfeli samt Knochen*

- *60 g Rundkorn-Naturreis*
- *wenig Butterschmalz/Bratbutter*
- *1/2 Lauch, in feinen Streifen*
- *300 g rohe Sauerrüben*
- *300 ml/3 dl Gemüsebrühe*
- *wenig Majoran*
- *Kräutermeersalz*
- *weißer Pfeffer aus der Mühle*

- *1,5 kg Brotteig*

1. Den Schäufeleknochen vom Metzger entfernen lassen. Das Fleisch links und rechts etwas einschneiden.

2. Den Reis im Butterschmalz glasig anschwitzen. Den Lauch und die Sauerrüben dazugeben, mit der Gemüsebrühe auffüllen, aufkochen und auf kleinem Feuer zugedeckt kochen lassen, bis der Reis gar ist und das Ganze bindet. Majoran beigeben, würzen und auskühlen lassen.

3. Die Sauerrüben in das aufgeschnittene Schäufele füllen, mit Küchengarn binden.

4. Ofen auf 220 Grad vorheizen.

5. Den Brotteig 1 cm dick ausrollen. Das Schäufele mit der aufgeschnittenen Seite nach unten auf den Teig legen. Die Teigränder mit Wasser anstreichen. Das Fleisch einpacken. Auf ein mit Backpapier belegtes Blech legen. Mit den Teigresten verzieren.

6. Das Schäufele auf mittlerem Einschub 10 Minuten bei 220 Grad, dann 60 bis 80 Minuten bei 150 Grad backen. Eventuell mit Alufolie decken. Vor dem Aufschneiden 10 Minuten ruhen lassen.

Serviervorschlag: Mit grobkörnigem Senf und Meerrettichsahne servieren.

Tipp: Den Brotteig nicht zu satt um das Schäufele legen, da er leicht reißt.

SAUERRÜBEN «RÜBENZAHL»

- *20 g getrocknete Steinpilze*
- *ca. 700 ml/7 dl Gemüsebrühe*

- *1 EL Butterschmalz/Bratbutter*
- *80 g geräucherter Speck oder geräucherter Tempeh, klein gewürfelt*
- *60 g Zwiebeln, fein gehackt*
- *1 EL Tomatenpüree*
- *1 TL edelsüßes Paprikapulver*
- *100 ml/1 dl trockener Weißwein*
- *500 g rohe Sauerrüben*
- *1 Gewürzbeutel (Lorbeerblatt, 2 Wacholderbeeren, 4 Pfefferkörner)*
- *400 g Kartoffeln, gewürfelt*
- *1 EL Rübensirup*
- *80 g saure Sahne/Sauerrahm*
- *Kräutermeersalz*

1. Die Steinpilze in der Gemüsebrühe einweichen.

2. Den Speck oder den Tempeh im Butterschmalz langsam knusprig braten. Die Zwiebeln dazugeben und glasig anschwitzen. Das Tomatenpüree darunter rühren und den Paprika darüber streuen, kurz rösten. Brühe samt Pilzen, Weißwein, Sauerrüben und Gewürzbeutel dazugeben, aufkochen und auf kleinem Feuer zugedeckt etwa 20 Minuten kochen lassen. Die Kartoffeln dazugeben, so lange köcheln lassen, bis sie gar sind.

3. Den Gewürzbeutel entfernen. Würzen mit dem Rübensirup und dem Kräutersalz. Sollte das Gericht zu viel Flüssigkeit haben, kann sie mit einer geriebenen Kartoffel gebunden werden; in diesem Fall die Rüben weitere 10 Minuten köcheln lassen. Vor dem Servieren mit der sauren Sahne verfeinern. Abschmecken.

Variante: Die Kartoffeln durch 80 g Hafer ersetzen. Bei mehr Hafer braucht es zusätzliche Flüssigkeit.

Gemüsefond

- *100 g Zwiebeln samt Schale*
- *100 g Möhren/Karotten*
- *100 g Knollensellerie*
- *100 g Lauch*
- *100 g Pastinaken*
- *2–3 Knoblauchzehen*
- *wenig frischer Ingwer*
- *1 Stengel Zitronengras*
- *Koriander, Petersilienstengel, Majoran, Liebstöckel, Thymian, Bohnenkraut*

1. Zwiebeln samt Schale halbieren, Möhren, Lauch und Pastinaken zerkleinern.

2. Sämtliches Gemüse samt Knoblauch in einen großen Topf geben. Mit rund 2 Liter Wasser aufgießen, aufkochen und auf kleinem Feuer rund 2 Stunden kochen lassen. Während der letzten 30 Minuten die Gewürze und die Kräuter mitkochen. Die Brühe abseihen.

Aufbewahren: Hält sich im Kühlschrank 3 bis 4 Tage frisch. Oder portionsweise tiefkühlen.

Verwendung: Kann immer dann verwendet werden, wenn das Rezept Gemüsebrühe vorschreibt.

Klarer Geflügelfond

- *1 Suppenhuhn oder 500 g Geflügelknochen*
- *200 g Kalbsfüsse (vom Metzger zerkleinert)*
- *1 kleine Zwiebel*
- *100 g Lauch*
- *100 g Knollensellerie*
- *1 Lorbeerblatt*
- *20 g frischer Ingwer oder Ingwerpulver*
- *1/2 Stengel Zitronengras*

1. Das Suppenhuhn zerlegen oder die Knochen zerkleinern. In einen großen Kochtopf geben, mit Wasser aufgießen. Einmal aufkochen, dann das Ganze in ein Sieb schütten und mit fließendem kaltem Wasser überbrausen.

2. Die Suppenhuhnteile respektive die Knochen zusammen mit den übrigen Zutaten in den Topf geben. Mit rund 2 Liter Wasser aufgießen, aufkochen und auf kleinem Feuer 2 bis 3 Stunden kochen lassen. Immer wieder abschäumen. Den Topfinhalt durch ein feines Tuch oder ein Sieb abseihen. Den Fond erkalten lassen und dann kühl stellen. Nun läßt sich das hart gewordene Fett problemlos entfernen.

Aufbewahren: Hält sich im Kühlschrank 3 bis 4 Tage frisch. Oder portionsweise tiefkühlen.

Klarer Kalbsfond

- *900 g Kalbsknochen, gehackt (vom Metzger)*
- *Abschnitte von Kalbsrücken, zerkleinert*
- *1 kleine Zwiebel*
- *100 g Lauch*
- *100 g Knollensellerie*
- *1 Lorbeerblatt*
- *1/2 Stengel Zitronengras*

1. Gleiche Zubereitung wie Geflügelfond.

Fischfond

- *350 g Fischabschnitte, z. B. Seezunge, Steinbutt oder anderer Meeresfisch*
- *1/2 Lorbeerblatt*
- *6–8 Fenchelsamen*
- *100 g Champignons*
- *50 g Lauch*
- *50 g Knollensellerie*
- *2 Schalotten*
- *Dill*
- *300 ml/3 dl Wasser*
- *100 ml/1 dl Weißwein*

1. Die Fischabschnitte unter fließendem kaltem Wasser gut waschen.

2. Das Gemüse samt Schalotten zerkleinern und in wenig Wasser kurz dünsten. Die Fischabschnitte darauflegen, mit dem Weißwein ablöschen und dem Wasser aufgießen. Einmal aufkochen und auf kleinstem Feuer 1 Stunde köcheln lassen. Das aufsteigende Eiweiß immer wieder abschöpfen. Den Topfinhalt durch ein feines Tuch oder ein Sieb abseihen.

Aufbewahren: Hält sich im Kühlschrank 3 bis 4 Tage frisch. Oder portionsweise tiefkühlen.

Glossar

Agar-Agar: Geschmackneutrales Geliermittel aus Meeresalgen. In Pulverform oder als Flocken im Handel. In diesem Buch wird Pulver verwendet.

Al dente: Nudeln, Gemüse usw. sollen nach dem Garen noch Biss haben.

Alfalfasprossen: Auch Luzerne genannt. Würzige Sprossen von nussähnlichem Geschmack. Reich an Vitalstoffen.

Amaranth: Stammt von einer getreideähnlichen Pflanze, die in Zentral- und Südamerika beheimatet ist. Amaranth ist reich an Eiweiß, Fett, Rohfasern und Mineralstoffen. Gepuffter Amaranth sieht wie Schneeflocken aus.

Anschwitzen: In wenig Öl oder Butter dünsten, ohne dass das Dünstgut Farbe annimmt.

Balsamessig: Kostbarer italienischer Spitzenessig aus Traubenmost. Während Jahren in Eichenfässern gereift, dann filtriert. Günstiger ist der weniger lang gelagerte Aceto di Modena.

Blanchieren: In kochendem (Salz)-wasser überbrühen.

Blinis: Kleine Buchweizen-Pfannkuchen.

Brik-Teig: Dünne Teigblätter aus Weizenmehl.

Brunoise: Kleinste Gemüsewürfelchen.

Currypaste: Erhältlich in Thai-Shops. Es werden meistens grüne, gelbe und rote Pasten angeboten. In der Regel ist die grüne Paste am schärfsten.

Dunst: Feines Hartweizengrieß für die Herstellung von Nudelteig.

Gemüsebrühe: Bei Verwendung eines Fertigprodukts empfiehlt sich eine Brühe in Pulverform, die frei von Geschmacksverstärkern, z. B. Glutamat, und tierischem Fett ist. Sie kann als Streuwürze auch für Suppen, Salatsaucen, Getreide und Nudeln verwendet werden.

Gewürzbeutel: Gewürze wie Lorbeer, Nelken, Pfeffer usw. in feines Mulltuch binden.

Miso: Fermentierte Gewürzpaste mit pikanter Note, je nach Produkt aus Gerste, Reis, Buchweizen oder Sojabohnen hergestellt.

Palmzucker: Von wildwachsenden Palmen. Ersatz für Vollrohrzucker und Honig.

Pfälzer: Gelbe Möhre/Karotte.

Pizokel: Spätzle aus Buchweizen.

Raita: Indische Jogurtsauce.

Rauke/Rucola: Blattsalat mit Nussgeschmack.

Risottoreis: Rundkornreis. Carnaroli ist der beste. Geeignet sind auch Vialone oder Arborio reale.

Sauerkraut waschen: Wann wird das Sauerkraut gewässert? Frisches Sauerkraut muss in der Regel nicht gewaschen werden. Nach längerer Gärung ist das Kraut zu degustieren. Ist es zu sauer, sollte es in kaltem Wasser gewaschen oder mit kaltem Wasser kräftig überbraust werden. Sauerkraut im Offenverkauf säuert mehr nach als solches im Beutel.

Schalotte: Zwiebelart der feinen Sorte.
Schäufele/Schüfeli: Geräucherte Schweinsschulter.
Seitan: Eiweißkonzentrat (Gluten) aus Weizen. Hergestellt aus Vollkornweizenmehl. Seitan ist im Reformhaus und auch beim Großverteiler erhältlich. Seitan ist bei einer vegetarischen, tierisch-eiweißarmen Kost in kleinen Mengen sehr zu empfehlen.
Shiitake-Pilz: Baumpilz, der nur in frischem Zustand gut schmeckt.
Tamari: Biologische Sojasauce, ohne Zucker und Konservierungsmittel.
Tapenade: Olivenpaste.
Tempeh: Kommt ursprünglich aus Indonesien. Sojabohnen werden über Nacht in Wasser eingelegt und anderntags kurz gekocht. Dann werden die Bohnen mit einer Edelpilzkultur versetzt und bei 33 Grad während 24 Stunden in einer Wärmekammer fermentiert. Bei diesem Veredlungsprozess bleiben die wertvollen Inhaltsstoffe erhalten. Tempeh ist ein leicht verdauliches, gesundes Nahrungsmittel. Im Handel gibt es Tempeh natur und geräucherten Tempeh.
Tofu: Quarkähnliches Produkt. Die Sojabohnen werden zum Quellen in Wasser eingelegt, gemahlen und dann unter Zugabe von Wasser zu einem Brei gekocht. Dieser Brei wird gepresst. Die festen Bestandteile (Trester) werden für Viehfutter verwendet, die Flüssigkeit, d. h. die Sojamilch für den Tofu.
Topinambur: Kartoffelähnliche Knolle (Sonnenblumengewächs).
Zeste: Schale von Zitrusfrüchten, in feinsten Streifen.
Zitronengras: Schilfartiges Gras, das einen starken Zitronenduft verströmt und damit Speisen speziell aromatisiert. Frisch oder auch in Pulverform in asiatischen Läden erhältlich.
Zitruszesten: Schale von Zitronen, Limonen, Orangen und Grapefruit. Nach Möglichkeit biologische Früchte verwenden und diese heiß waschen, da sie oft gewachst sind. Im Handel gibt es ein Spezialmesser, den Zestenreisser, mit dem die Schale sehr dünnwandig abgezogen werden kann.

Zu den Autoren

Seit acht Jahren teilen Lucas Rosenblatt und Freddy Christandl Küche und Erfolg in der Gastronomie. Sie treiben zudem außerordentlich gerne und vielseitigen Sport, der immer dann etwas zu kurz kommt, wenn Rezepte für Kochbücher rufen. Kochen hat für die beiden Profis auch etwas Völkerverbindendes; so fließen unter anderem Elemente der südamerikanischen und der asiatischen Küche in ihre Rezepte ein. Das Kochen, Entdecken, Schreiben, Empfangen, Genießen, Gestalten, Erfahren, Philosophieren, Bewegen, Begegnen und immer wieder verrückte Häppchen sind Dauerbrenner!

Dank

An dieser Stelle möchten wir uns bedanken bei Susanne Bonaca, Ferieninsel Bellaval, Silvaplana, für das improvisierte, aber durchaus taugliche Fotostudio; Martin Neuhaus von der Berner Tofurei, Frutigen, für Tofu, Tempeh und Seitan; Hans-Ruedi und Simone Meier, Spezialisten für Fidelio-Fleisch von der Zentrum-Metzg in Windisch; Heidi Hauri vom Haus der Kommunikation in Zollikerberg für das «Papierige».